京华通览 历史文化名城
主编/段柄仁

平安大街

华宁/编著

北京出版集团公司
北京出版社

图书在版编目（CIP）数据

平安大街 / 段柄仁主编；华宁编著． — 北京：北京出版社，2018.3
（京华通览）
ISBN 978-7-200-13827-6

Ⅰ．①平… Ⅱ．①段… ②华… Ⅲ．①城市道路—介绍—北京 Ⅳ．① K921

中国版本图书馆 CIP 数据核字（2018）第 005781 号

出版人　曲　仲
策　划　安　东　于　虹
项目统筹　孙　菁　董拯民
责任编辑　董拯民　李更鑫
封面设计　田　晗
版式设计　云伊若水
责任印制　燕雨萌

《京华通览》丛书在出版过程中，使用了部分出版物及网站的图片资料，在此谨向有关资料的提供者致以衷心的感谢。因部分图片的作者难以联系，敬请本丛书所用图片的版权所有者与北京出版集团公司联系。

平安大街
PING'AN DAJIE
华宁　编著

北京出版集团公司
北京出版社　出版

*
（北京北三环中路 6 号）
邮政编码：100120

网　址：www.bph.com.cn
北京出版集团公司总发行
新　华　书　店　经　销
天津画中画印刷有限公司印刷
*
880 毫米 ×1230 毫米　32 开本　7.625 印张　157 千字
2018 年 3 月第 1 版　2022 年 11 月第 3 次印刷
ISBN 978-7-200-13827-6
定价：45.00 元

如有印装质量问题，由本社负责调换
质量监督电话：010-58572393

《京华通览》编纂委员会

主　任　段柄仁
副主任　陈　玲　曲　仲
成　员　（按姓氏笔画排序）
　　　　于　虹　王来水　安　东　运子微
　　　　杨良志　张恒彬　周　浩　侯宏兴
主　编　段柄仁
副主编　谭烈飞

《京华通览》编辑部

主　任　安　东
副主任　于　虹　董拯民
成　员　（按姓氏笔画排序）
　　　　王　岩　白　珍　孙　菁　李更鑫
　　　　潘惠楼

序一

PREFACE

擦亮北京"金名片"

段柄仁

北京是中华民族的一张"金名片"。"金"在何处？可以用四句话描述：历史悠久、山河壮美、文化璀璨、地位独特。

展开一点说，这个区域在70万年前就有远古人类生存聚集，是一处人类发祥之地。据考古发掘，在房山区周口店一带，出土远古居民的头盖骨，被定名为"北京人"。这个区域也是人类都市文明发育较早，影响广泛深远之地。据历史记载，早在3000年前，就形成了燕、蓟两个方国之都，之后又多次作为诸侯国都、割据势力之都；元代作为全国政治中心，修筑了雄伟壮丽、举世瞩目的元大都；明代以此为基础进行了改造重建，形成了今天北京城的大格局；清代仍以此为首都。北京作为大都会，其文明引领全国，影响世界，被国外专家称为"世界奇观""在地球表面上，人类最伟大的个体工程"。

北京人文的久远历史，生生不息的发展，与其山河壮美、宜生宜长的自然环境紧密相连。她坐落在华北大平原北缘，"左环沧海，右拥太行，南襟河济，北枕居庸""龙蟠虎踞，形势雄伟，南控江淮，北连朔漠"。是我国三大地理单元——华北大平原、东北大平原、蒙古高原的交汇之处，是南北通衢的纽带，东西连接的龙头，东北亚环渤海地区的中心。这块得天独厚的地域，不仅极具区位优势，而且环境宜人，气候温和，四季分明。在高山峻岭之下，有广阔的丘陵、缓坡和平川沃土，永定河、潮白河、拒马河、温榆河和蓟运河五大水系纵横交错，如血脉遍布大地，使其顺理成章地成为人类祖居、中华帝都、中华人民共和国首都。

这块风水宝地和久远的人文历史，催生并积聚了令人垂羡的灿烂文化。文物古迹星罗棋布，不少是人类文明的顶尖之作，已有1000余项被确定为文物保护单位。周口店遗址、明清皇宫、八达岭长城、天坛、颐和园、明清帝王陵和大运河被列入世界文化遗产名录，60余项被列为全国重点文物保护单位，220余项被列为市级文物保护单位，40片历史文化街区，加上环绕城市核心区的大运河文化带、长城文化带、西山永定河文化带和诸多的历史建筑、名镇名村、非物质文化遗产，以及数万种留存至今的历史典籍、志鉴档册、文物文化资料，《红楼梦》、"京剧"等文学艺术明珠，早已成为传承历史文明、启迪人们智慧、滋养人们心灵的瑰宝。

中华人民共和国成立后,北京发生了深刻的变化。作为国家首都的独特地位,使这座古老的城市,成为全国现代化建设的领头雁。新的《北京城市总体规划(2016年—2035年)》的制定和中共中央、国务院的批复,确定了北京是全国政治中心、文化中心、国际交往中心、科技创新中心的性质和建设国际一流的和谐宜居之都的目标,大大增加了这块"金名片"的含金量。

伴随国际局势的深刻变化,世界经济重心已逐步向亚太地区转移,而亚太地区发展最快的是东北亚的环渤海地区、这块地区的京津冀地区,而北京正是这个地区的核心,建设以北京为核心的世界级城市群,已被列入实现"两个一百年"奋斗目标、中国梦的国家战略。这就又把北京推向了中国特色社会主义新时代谱写现代化新征程壮丽篇章的引领示范地位,也预示了这块热土必将更加辉煌的前景。

北京这张"金名片",如何精心保护,细心擦拭,全面展示其风貌,尽力挖掘其能量,使之永续发展,永放光彩并更加明亮?这是摆在北京人面前的一项历史性使命,一项应自觉承担且不可替代的职责,需要做整体性、多方面的努力。但保护、擦拭、展示、挖掘的前提是对它的全面认识,只有认识,才会珍惜,才能热爱,才可能尽心尽力、尽职尽责,创造性完成这项释能放光的事业。而解决认识问题,必须做大量的基础文化建设和知识普及工作。近些年北京市有关部门在这方面做了大量工作,先后出版了《北京史》(10卷本)、《北京百科全书》(20卷本),各类志书近900种,以及多种年鉴、专著和资料汇编,等等,为擦亮北京这张"金名片"做了可贵的基础性贡献。但是这些著述,大多是服务于专业单位、党政领导部门和教学科研人员。如何使其承载的知识进一步普及化、大众化，出版面向更大范围的群众的读物，是当前急需弥补的弱项。为此我们启动了《京华通览》系列丛书的编写，采取简约、通俗、方便阅读的方法，从有关北京历史文化的大量书籍资料中，特别是卷帙浩繁的地方志书中，精选当前广大群众需要的知识，尽可能满足北京人以及关注北京的国内外朋友进一步了解北京的历史与现状、性质与功能、特点与亮点的需求，以达到"知北京、爱北京，合力共建美好北京"的目的。

这套丛书的内容紧紧围绕北京是全国的政治、文化、国际交往和科技创新四个中心，涵盖北京的自然环境、经济、政治、文化、社会等各方面的知识，但重点是北京的深厚灿烂的文化。突出安排了"历史文化名城""西山永定河文化带""大运河文化带""长城文化带"四个系列内容。资料大部分是取自新编北京志并进行压缩、修订、补充、改编。也有从已出版的北京历史文化读物中优选改编和针对一些重要内容弥补缺失而专门组织的创作。作品的作者大多是在北京志书编纂中捉刀实干的骨干人物和在北京史志领域著述颇丰的知名专家。尹钧科、谭烈飞、吴文涛、张宝章、郗志群、马建农、王之鸿等，都有作品奉献。从这个意义上说，这套丛书中，不少作品也可称"大家小书"。

总之，擦亮北京"金名片"，就是使蕴藏于文明古都丰富多彩的优秀历史文化活起来，充满时代精神和首都特色的社会主义创新文化强起来，进一步展现其真善美，释放其精气神，提高其含金量。

2017 年 11 月

目录

CONTENTS

引　言 / 1

溯源 | 元　代 / 4
明　代 / 6
清　代 / 8
民国时期 / 10
新中国时期——平安大街的诞生 / 12

地标 | 地安门 / 17
北　海 / 23
什刹海 / 33
南新仓 / 44
北新仓 / 47

护国寺 / 48

王　府　　恭王府 / 54

庄亲王府 / 60

和亲王府 / 64

和敬公主府 / 70

僧王府 / 72

庆王府 / 78

大公主府 / 81

涛贝勒府 / 82

故　居　　欧阳予倩故居 / 87

郭沫若故居 / 90

茅盾故居 / 93

梅兰芳故居 / 95

程砚秋故居 / 97

宋庆龄故居 / 99

王树常故居 / 102

张伯驹、潘素故居纪念馆 / 104

孑民堂 / 106

文煜宅 / 108

婉容旧居 / 112

崇礼住宅 / 115

田汉故居 / 119

陈垣故居 / 121

齐白石旧居纪念馆 / 122

冰心故居 / 125

蒋介石行辕 / 127

毛泽东在北京居住过的地方 / 129

刘少奇在北京居住过的地方 / 130

寺庙、祠堂

火德真君庙 / 133

翊教寺 / 134

旃檀寺 / 135

福祥寺 / 138

贤良祠 / 139

旌勇祠 / 143

保安寺 / 144

僧格林沁祠 / 145

文天祥祠 / 147

大藏龙华寺 / 148

嵩祝寺 / 149

智珠寺 / 150

大高玄殿 / 151

遗迹、文物

皇城根遗址 皇城北墙 / 154

万宁桥 / 156

东不压桥 西压桥 / 160

通惠河玉河遗址 / 162

大兴县署 / 166

宛平县署 / 166

顺天府衙门 / 168

顺天府学 / 169

宝泉局 / 170

孙中山行宫 / 172

盛新中学与佑贞女中遗址 / 173

国立第一助产学校 / 175

京兆通俗教育馆图书部 / 177

为宝书局 / 177

北京大学红楼 / 178

国民党北京执行部机关 / 179

中共北方区委党校 / 179

街巷胡同

东四十条 / 181

张自忠路 / 188

地安门东大街 / 195

地安门西大街 / 201

平安里西大街 / 216

地安门外大街 / 222

参考资料 / 226

后　记 / 231

引 言

平安大街是一条崭新的街道。

1999年8月28日，历时18个月建设的平安大街竣工通车。从这一天起，平安大街这个名字正式诞生在北京的地图上，并很快成为北京人耳熟能详的大街。

平安大街东起东二环东四十条桥，西至西二环官园桥，由东四十条、张自忠路、地安门东大街、地安门西大街、平安里西大街这5条大街打通连接而成，全长7062米。在这5条大街中，张自忠路、地安门东大街、地安门西大街是自明代便已成街的十分古老的街道，直到20世纪80年代还大体保持着明清时期的风貌。而东四十条、平安里西大街则是伴随着平安大街一起诞生的新建街道。

今天的平安大街，被称为北京的"第二条长安街"，是北京内城东西方向的第二条交通大动脉，南距长安街不到3000米。

2003年的平安大街

由于自明清时便是城市中心地带，因此平安大街建设之初的规划、设计遵循了"前朝后市"的历史渊源，原有文物和胡同保护区基本保持了明清原貌。新的建筑、绿地及公共设施等全部以灰色为主调，用青砖灰瓦辅以栏杆、挂落及垂花门等，整条大街的建筑风格统一，与文物及环境谐调，展现了千年古都的风貌神韵。

平安大街是一条古老的街道。

平安大街及沿线区域自明清起便一直是京城的中心地带，大街南侧即为皇城北墙，中间有什刹海、北海，沿线分布着众多王府、故居、四合院、寺庙、仓府等古建筑。比如建于唐代的火神庙、元代遗留下的万宁桥等，还有大量明清时期的四合院，里面的居民多为几代安居于此的老北京人。据官方统计，平安大街沿线两侧的文物古迹共有38处，其中国家级、市级文物5处，区级文物20余处，什刹海地区还被列为北京市历史文化保护区。

1999年，5条大街被打通、统一拓宽为28~33米宽，成为北京城区平行于长安街、横系中轴线、贯穿内城的重要交通干线——平安大街。

溯 源

平安大街是一条古老的大街，它源于元代，繁荣于明清两朝，衰败于民国，又以更加辉煌的姿态展现于今日。它总长约7公里。沿线有闻名于世的地安门、北海、什刹海，并分布着众多的王府、故居、四合院、寺庙、祠堂等，它见证了北京城的历史变迁，也成为古都北京最精良的文化缩影。

元 代

　　元朝建立之初,将北京定为大都。元世祖忽必烈请刘秉忠在这里设计并营建新的都城。最终,耗时18年、于1264年在原金中都城的东北部矗立起一座雄伟壮丽、"世界诸城无能与比"(马可·波罗语)的新城——元大都。元大都由外郭、皇城、宫城三重环围,其后明清两代大体沿袭其制。可以说,元大都的规制、格局、街道布局,奠定了明清北京城的基础,亦成为今日北京这

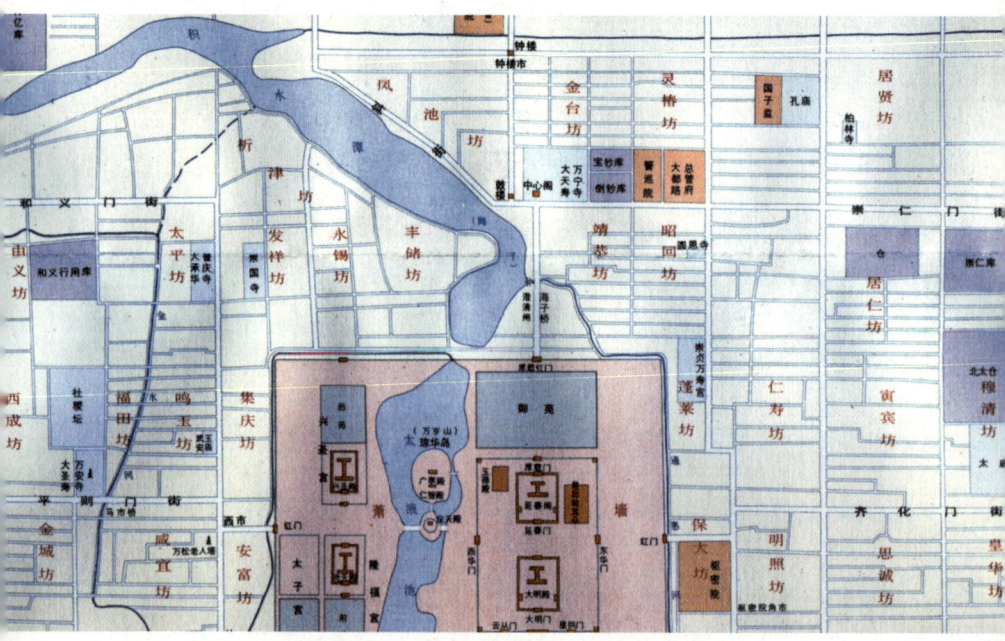

平安大街在元大都时期的位置及沿线情况

座国际化大都市的基本格局。今天的北京城依然大体保留着750年前元大都时期的规划风貌。

今天的平安大街沿线，在元时被全部包括在大都城内。根据考古挖掘证实，元大都皇城北墙即位于今天平安大街正中的地安门东大街、地安门西大街一线；作为皇城四门之一的地安门，其址在元时为"厚载红门"，是元大都皇城的最北端之门；元大都全城的中轴线，与明清北京城一致；今天地安门往北的钟鼓楼也正是元时所建（当时名为齐政楼）、明代时移于此地的。作为全城的报时工具，在都城中心设置钟鼓楼，是城市建设史上的创举。

元大都皇城位于城市南部正中，包含了今故宫、景山公园、北海、中海等。皇城西侧是太液池（今北海、中海）的广阔水域，宫城在皇城内东侧。元大都时的积水潭稍大于今天的太平湖、什刹海、前后海的范围。当时的城市供水系统主要有两条：一条是由高梁河、海子（又称积水潭）、通惠河构成的漕运系统；一条是由金水河、太液池构成的宫苑用水系统。畅通的河运系统，不仅为元大都提供了粮食等基础物资，更是带来了全国各地，乃至远东、南亚的商品。据记载，通惠河开通的第二年（1293年），元大都城立即展现新貌：漕船鱼贯而入、络绎不绝，满载各色商品、物资，驶入南北大运河的终点码头——海子（又称积水潭）。今天的地安门以北直至鼓楼大街、海子沿岸，迅速成长为最繁华的著名商业街区。各种歌台舞榭酒楼和商市汇集海子北岸的斜街，稍北的钟楼大街更为热闹。在鼓楼附近还有一处全城最大的"穷汉市"，是城市贫民出卖劳力的市场。

元大都的居民区设计成开放形式的街巷。按照方位，城内街道分为50坊，今天平安大街沿线从东至西当时大约分属于穆清坊、居仁坊、寅宾坊、仁寿坊、蓬莱坊、靖恭坊、昭回坊、丰储坊、永锡坊、发祥坊、集庆坊、太平坊、鸣玉坊、福田坊、申义坊、西成坊等。在穆清坊（即今天平安大街的东端路南、东四十条位置），坐落着元代粮仓——北太仓。元代粮仓大部分靠近城东部，以其地邻东护城河，方便船只运输、装卸。到至正十五年（1355年）京师共有54仓，储粮达百万石。明朝则直接在北太仓旧址基础上改建成南新仓，进而围绕此地逐步建成了皇家粮仓区。今天的平安里一带路北在元代时建有社稷坛，与明朝将社稷坛建在皇城内不同，元代社稷坛建在了皇城迤西。社稷坛北边建有和义行用库，据史籍记载，当时户部总计设有20库，和义行用库即其中之一。

南邻皇城、北依漕运，这样的优势条件使地安门东大街、地安门西大街注定成为皇家贵胄栖息之所，名流雅士云集之地。

明　代

明成祖朱棣定都北京后，改称元大都为北平府，在元大都基础上规划、改建了北京城。将北城墙南移至德胜门、安定门一线，永乐十七年（1419年）在大都南墙以南约二里的地方重建了南城墙。在元大都宫殿的基础上兴建了故宫。

明皇城北墙外一线当时名为皇墙北大街，其位置正是今天平安大街中间的地安门西大街、地安门东大街一线的位置。处于此街的地安门（又称北安门、俗称厚载门，亦称后门，与故宫正门天安门相对应）作为皇城的北门、皇都四门之一，是皇宫内人员的重要出入之所，沿地安门外设有18座"红铺"（守卫值房），驻守有180名官兵，以确保皇家出行安全。皇墙北大街南侧的什刹海西侧不远设有宛平县署（辖西部地带）。北平府另一县治大兴县署位于铁狮子胡同迤北，辖东部地区。宛平县署西边还设有惜薪司、战车厂等"皇家库房"。

什刹海东岸是繁华的商业街区——鼓楼下大街（即今天的地安门外大街）紧邻其东侧，凭借大运河终端码头的优势，聚居形

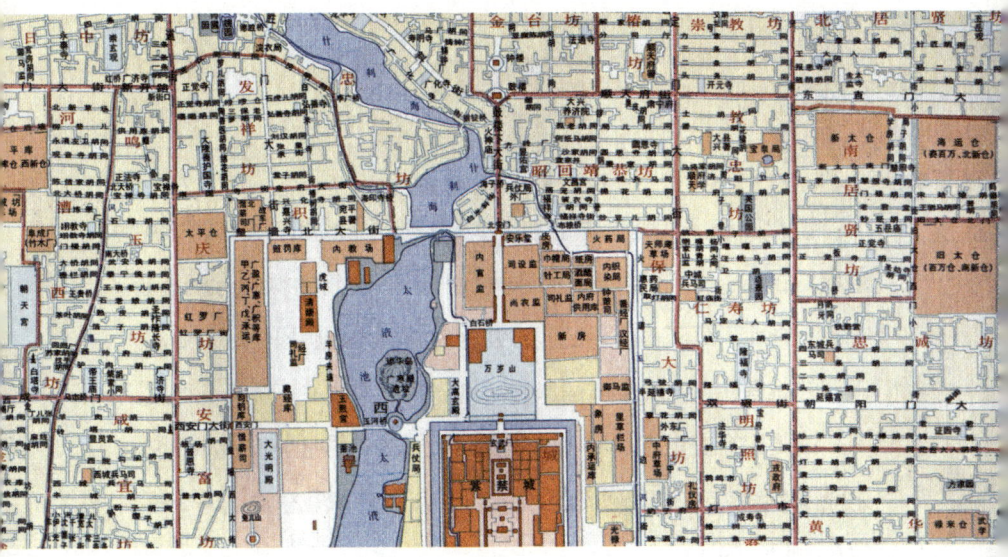

平安大街在明万历年间的位置示意图

成了稠密的居民区——昭回靖恭坊，也就是今天的南锣鼓巷地区。在这个北京最古老的街区里散布着几十条胡同，胡同里云集了权贵和名流的高宅大院以及普通百姓的素雅民居。

皇墙北大街的东边是著名的铁狮子胡同（即今天的张自忠路）。因崇祯贵妃之父田畹居于此巷，其门前有两尊铁狮子，故而得名。铁狮子胡同迤东直到今天东四十条桥一线，明时属居贤坊。从明英宗时起，兴建起两处连成片的仓房，南侧分别为旧太仓、富新仓、兴平仓、南新仓，北侧则是海运仓、北新仓、新太仓。这些仓房负责接收储藏全城所需漕粮，是当时维系京城政治、经济生活不可或缺的基础设施，其重要作用一直延续至清朝末年。其中南新仓、海运仓直至清代仍是京城最大的粮仓。

清　代

清代沿袭了明北京城的格局，只裁撤了皇城的设置，将明代皇城内的大量内廷供奉机构改为民居，同时将内城的大量衙署、府第、仓库、草厂也改为民居，并将内城改为八旗居住区，令汉人迁往外城居住。内城依所居八旗兵划分为八大块：正黄旗在德胜门内；镶黄旗在安定门内；正红旗在西直门内；镶红旗在阜成门内；正蓝旗在崇文门内；镶蓝旗在宣武门内；正白旗在东直门内；镶白旗在朝阳门内。

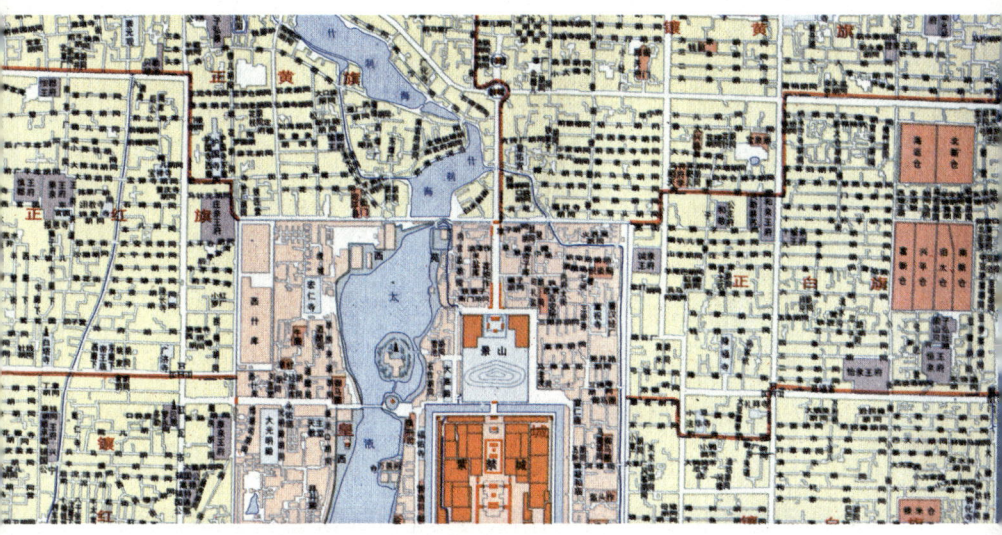

平安大街在清乾隆年间的位置示意图

清朝还在北京城内修建了大量黄教寺庙、王府。据史书记载，乾隆年间，京城已有王府30座，包括19座亲王府、11座郡王府。到嘉庆年间已经有王府42座。到了清末，北京的王府有50余座。这些王府主要分布在内城（今天的东城区、西城区）。紧邻皇城北墙根的今平安大街沿线在当时迅速发展成为皇族贵胄居所、王公贵族府地。据统计，到宣统时，东、西皇城根大街及附近共计有大大小小的王府13处。街南北寺庙道观林立，什刹海畔风景名胜荟萃，这片区域迎来了最辉煌美丽的时期。

直到20世纪80年代，这条大街依然留存着几百年来的基本风貌，完好地保存着大量王府、名人故居及古建筑，成为品味老北京文化韵味的最佳之地。

民国时期

随着清王朝的覆灭，北京城也发生着剧烈的变化。

平安大街东端的东四十条南北两侧，曾是历经元、明、清三代的最重要的皇家粮储区，坐落着大大小小十几座粮仓，今天这一带仍有以"海运仓""南新仓""北新仓"等命名的街道、胡同。民国年间，这一片区域南部被改建为陆军医院、陆军兽医学校、陆军军医学校。其中陆军兽医学校的前身是1904年在河北保定创建的我国第一所专门传授和研究西方兽医学的"北洋马医学堂"，它是中国最早的兽医专科学校，后改名为陆军兽医学校，并于1919年迁至北京。

京城道路多为土路，年深日久便容易堆积泥沙粉尘，"天晴

民国六年(1917年)平安大街沿线

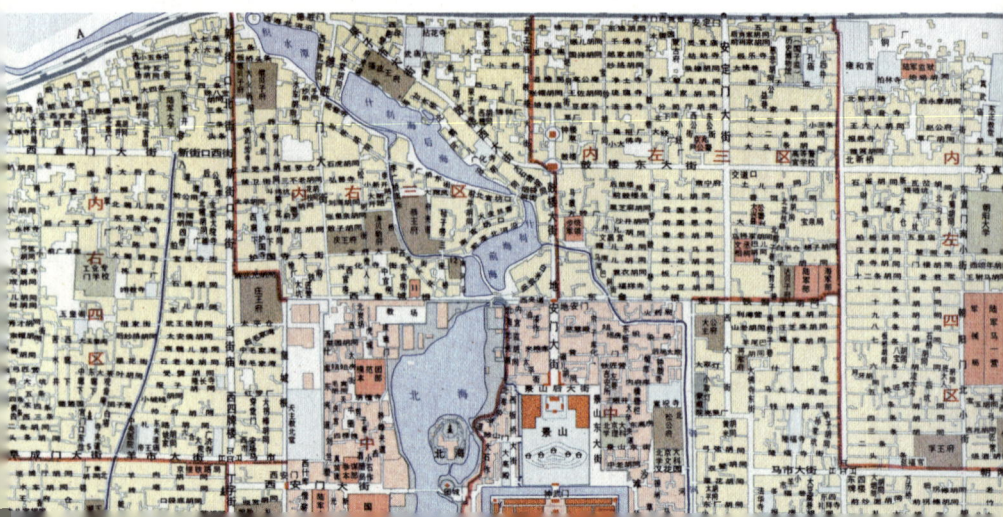

时则沙深埋足,尘细扑面,阴雨则污泥满道,臭气蒸天"。光绪三十三年(1907年),地安门东大街、地安门西大街两条路修成碎石路面,民国时期改成了沥青路面,改变了以往道路环境脏乱的面貌。

由于清室的倾覆,京城王府在民国年间迅速衰败。位于平安大街西端的平安里、曾显赫几代的庄亲王府,在清末庚子之变中被焚毁。民国年间,直系将领李纯买下此府。当时京城传闻在豫王府地下和墙里挖出了宝藏,李家也想寻找宝藏,于是将王府建筑拆除,四处探挖,可惜最后一无所得。李纯在今天的太平仓胡同北侧建造了中西合璧式的房屋,取名"平安里"。后又将庄亲王府内部贯通成街(即地安门西大街西段),称平安里大街,统称地安门西大街。

其他王府也被频繁地变卖、易主,被不断地拆建、分割,甚至最终沦为居民大杂院。恭王府被用作学堂,和亲王府成为段祺瑞执政府、中华民国临时执政府,和敬公主府则成为北洋军阀政府陆军部所在地,僧王府被改建为学校……

1946年11月14日,北京市临时参议会通过决议:"张自忠、佟麟阁、赵登禹三位将军为国成仁,忠勇可钦。拟将本市铁狮子胡同改称张自忠路,北沟沿改称佟麟阁路,南沟沿改称赵登禹路,以资纪念。"1947年3月,时任北平市市长何思源签发《北平市政府户字第59号训令》,正式将南沟沿命名为佟麟阁路,北沟沿命名为赵登禹路,铁狮子胡同命名为张自忠路。自明朝起便一直叫了几百年的"铁狮子胡同",从此更名为"张自忠路"。

1947 年，平安里一带阻碍交通的房屋被拆除，打通了平安里以东的道路，修成了宽 6~7.6 米的路面，使平安里向东得以连通。平安里以西则仍为民房阻隔，没有正式道路。

新中国时期——平安大街的诞生

新中国成立后，北京的城市面貌日新月异。

1950年平安大街沿线

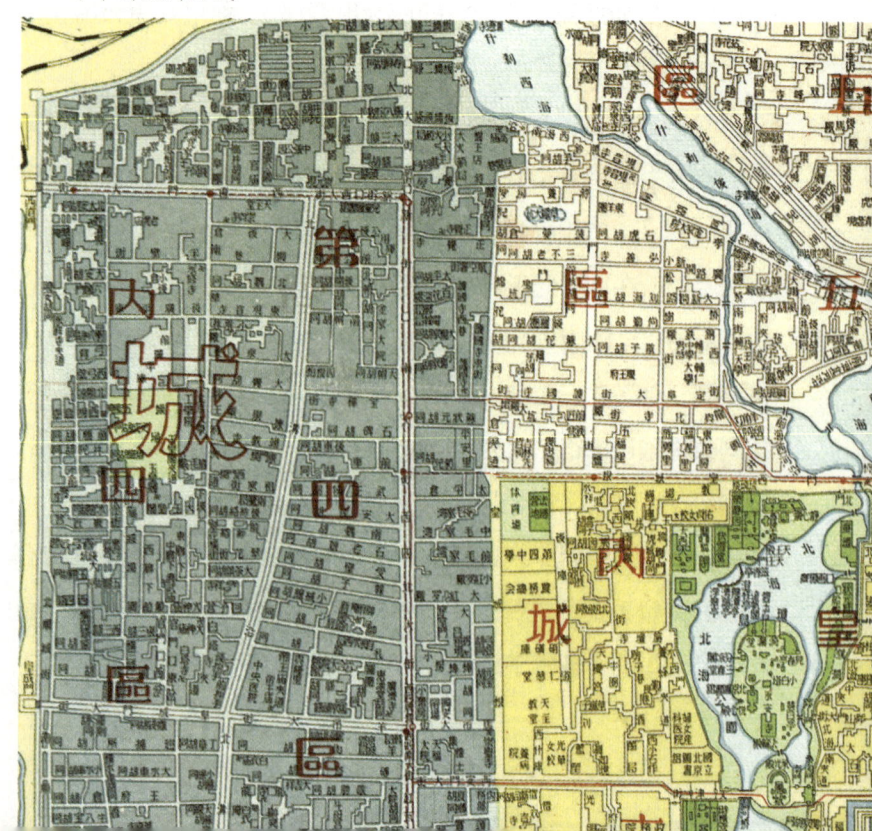

自 20 世纪 50 年代起,就有人提出了修建平行于长安街的第二条东西城市干道的建议。由于影响古都风貌,因此一直存在争议。

而北京的城市建设并没有停止。

1950 年 12 月,根据北京市政府的决定,在东四十条以东和官园桥以西的城墙上分别开辟了东四十条(当时称 2 号)和车公庄(当时称 5 号)豁口,并于城外的护城河上架设了木桥。

1952 年 6 月至 8 月,张自忠路东段改建为宽 9 米的沥青路面。1953 年 8 月至 11 月,改建了平安里至地安门段道路,路长 1915 米,路宽由 6 米扩展至 15 米,铺筑沥青混凝土路面。由于

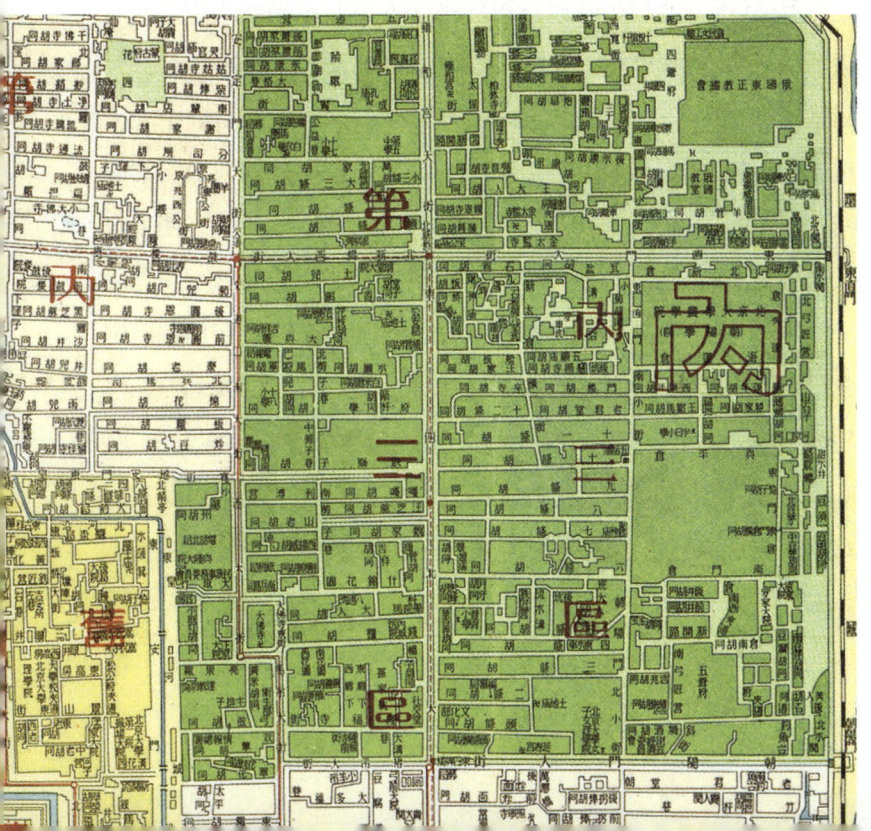

北侧房基高于路面，故修建了挡土墙。1954年7月至11月，改建了地安门至东四十条西口段，路长2506米，路宽扩至11~12米。1957年，平安里西大街西段扩建为5米宽的砾石路面。1958年，为配合工人体育场的建设，将东四十条胡同两侧的建筑拆除，修建了长700米、宽21米的沥青混凝土道路，改善进出城的交通状况。

1971年，今大官园桥以西的胡同被拆除、拓宽成街，称平安里西大街。

1977年10月建成了平安里西大街西段道路，工程西起官园桥，东至育幼胡同，全长747米，中间快车道宽25米。

1998年，北京市政府决定对平安大街旧路进行改建，以迎接新中国成立50周年。平安大街工程东起东四十条、西至官园桥，道路全长7026米，由市政总公司承担这一重大市政基础设施工程。整个工程包括将原宽为12.5~13.5米（最窄处仅9米）的道路拓宽为28~33米，并将育幼胡同至平安里的民房拆除，使平安大街全线贯通。

由于地处旧城区中心地带，平安大街沿线的传统民居和历史文化遗产、文物众多。因此，在工程设计建设之初，如何保护好古城风貌的问题就受到了市委、市政府及主管部门的高度重视，明确提出了"建设要为文物让路"的原则。开工前，文物部门对平安大街沿线文物的分布情况进行了调查，列出了保护名单。众多相关单位对道路施工方案进行论证、修改，力求最大限度地保护好沿线38处文物古迹。为了保护段祺瑞执政府旧址、欧阳予倩故居、和敬公主府、孙中山逝世纪念地这4处重要文物，张自忠路北的一段道路向路南进行了拓宽；地安门西大街则向北拓宽，以保护路南的北海公园；北海公园和什刹海之间的道路则维持原状。

1998年2月，平安大街工程正式开工，1999年8月全线竣工通车。

这项声势浩大的重点工程建设量非常繁重。根据当时《人民日报》的报道，平安大街道路改建工程共搬迁居民3270户，拆迁单位323个；拆掉原有房屋9900多间，总面积达11万平方米；铺装道路面积总共32万平方米；同期埋设雨水、污水、上水、煤气、热力、电力、电信共7种管道，总长57.8公里；为埋设地下管道，挖土量达50万立方米；拆、改、移原有市政公用管线40余公里。

新生的平安大街路宽为28~33米，由原来的双向单股车道改造成双向6股车道。沿街新建了明清风格的仿古建筑、公共设施。

今天，文物古迹、风景名胜荟萃的平安大街已成为旅游、休闲的绝佳去处。

地　标

　　地安门、北海、什刹海、南新仓、北新仓、护国寺……如同镶嵌在平安大街上的璀璨珍珠，伴随着这条大街的成长，几经沉浮，历尽沧桑，积攒了深厚的历史韵味，如今仍散发着无穷魅力和风采。

地安门

地安门始建于明永乐十八年（1420年），位于皇城北垣中间，是北京城中轴线上的重要标志性建筑之一。它是皇城四门之一的北门，天安门则是皇城的南门。南北互相对应，寓意天地平安，风调雨顺。地安门南对景山、北对鼓楼。明代时称为北安门，俗称厚载门，亦称后门。清顺治年间曾重建，改称地安门。为砖木结构、宫门式建筑，面阔7间，中明间及两次间为通道，明间宽7米，两次间各宽5.4米，四梢间各宽4.8米，总面阔38米，通高11.8米，进深12.5米。正中设朱红大门三道，左右各两梢间为值房。门内

20世纪50年代的地安门

地安门远景

大道两侧有米粮库、油漆作坊、花炮作坊等。地安门内左右两侧各有雁翅楼一座（于20世纪30年代拆除），为二层楼，原为内务府满、蒙、汉上三旗公署。民国十三年（1924年）驱逐末代皇帝出宫时，部分太监曾暂住在雁翅楼内。地安门在1954年拆除。

北京的中轴线自元代开始形成，到明永乐、嘉靖年间扩建北京城时又向南延伸。至今中轴线仍然被完整地保存着。北京城的布局鲜明地体现了封建社会以皇权为主体的规划思想，以长达15公里的中轴线为全城的骨干，宫殿及其他重要建筑都沿着这条轴线对称分布。这条轴线南起永定门，经正阳门、大明门到承天门（即天安门），为全城中心的皇宫做前引。进入承天门、端门、御路导入皇城，大小不同的宫殿建筑群集结在这条中轴线上。宫城后矗立着人工堆砌出的高约50米的景山，是中轴线的最高峰。过景山经皇城北门——地安门，最后以鼓楼、钟楼作为中轴线的终点。这种布局使宫殿范围占据了全城的中央地位，象征着皇权的至高无上。

根据古籍记载,地安门所处之地在元代时即当时皇宫的北门——厚载红门。古时皇城北门多命名为"厚载",取意"地势坤,君子以厚德载物"之意。《通鉴》记载了元至正十一年(1351年)皇宫内举办佛事时过厚载红门的一段文字:"……于大明殿内建佛事,至十五日,请伞盖于御座,奉置宝舆,诸仪卫导引出宫,至庆寿寺,具素食;食罢,起行,从西宫门外垣、海子南岸,入厚载红门,过延春门而西。"

明清两代地安门内有为太监、宫女、内宫养病及内宫出宫后养老之地的安乐堂,今景山东街吉安所右巷有清代宫眷死后停放

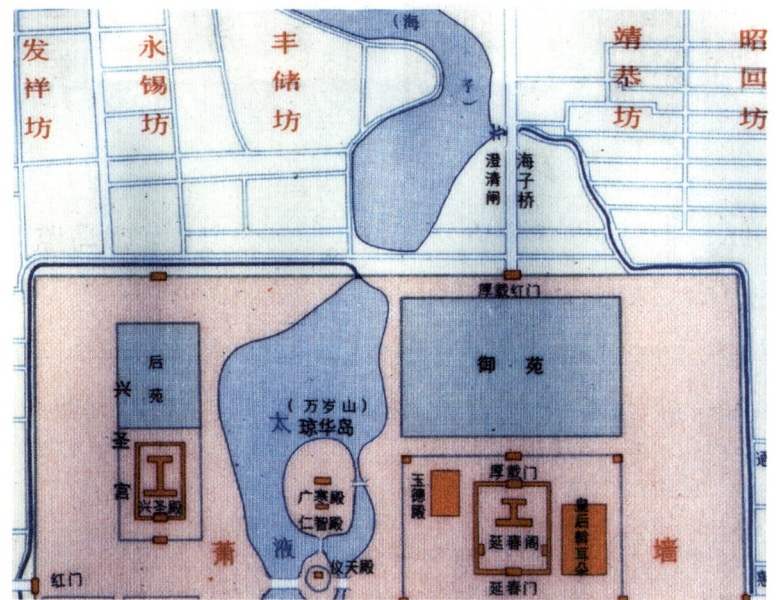

元代厚载门及厚载红门位置

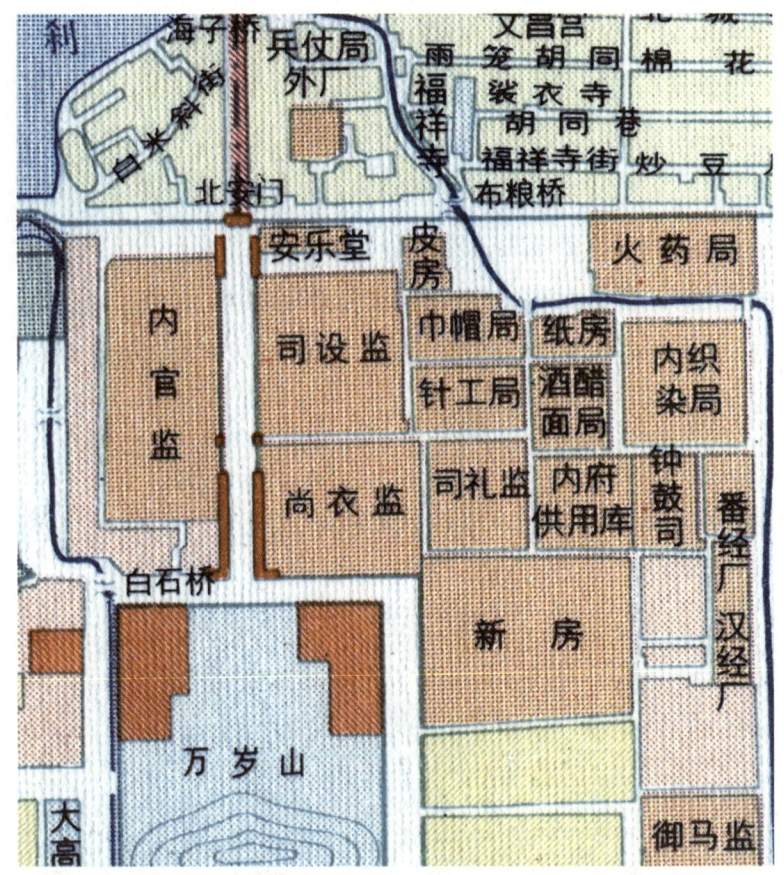

明代北安门及周边

灵柩的吉安所。其时地安门内设置有许多为皇家服务的衙门，诸如尚衣监、司设监、司礼监、酒醋局、织染局、针工局、巾帽局、火药局、司苑局，还有钟鼓司、供用库、蜡库、帘子库、兵器库、皮房、纸房、安乐堂等。

附：地安门雁翅楼

雁翅楼，顾名思义，是指城门两侧雁翅排开的戍卫建筑。

地安门雁翅楼始建于明永乐十八年（1420年），位置大约在今天的地安门东大街与西大街相汇、地安门外大街与内大街相汇的十字路口以南两侧，为东西相对称的两栋二层砖混建筑，面宽各13间，每座楼的面积约300平方米。黄琉璃瓦覆顶，建筑造型别致，远观好似大雁张开的一对翅膀，是北中轴路上的知名景观。其北端贴近地安门两侧，南对景山，北对鼓楼。

民国初期为便利交通，地安门东西两侧城墙被拆除。1955年2月，后门大街（今地安门大街）的道路改扩建工程全面竣工，为了疏导城北部交通，年久失修的地安门及雁翅楼被一并拆除。

从鼓楼南望地安门，远处为景山（清末）

从此，北京城中轴线上具有590年历史的著名历史景观彻底消失。当时，有关部门对从地安门拆下来的门窗、过梁、柱子、柁、檩——编号登记造册，连同砖石琉璃瓦等一起运往天坛，计划在天坛内北侧照原样复建地安门和雁翅楼。此后，天坛内发生火灾，堆放在那里的木质材料全部化为灰烬，复建地安门和雁翅楼的计划也随之彻底搁浅。

2005年，多位北京文史学家提议复建地安门及雁翅楼，以逐渐恢复京城北中轴线的风貌。2012年，北京市文物局宣布启

地安门东南雁翅楼旧照

2006年地安门西南角雁翅楼拆除后的遗迹

动新中国成立以来北京最大规模的"名城标志性历史建筑恢复工程"，准备在6个地点实施历史文化名城标志性景观的恢复，其中就包括地安门雁翅楼。

北　海

　　北海位于北京市中心，东为景山公园，南为中南海，西与国家图书馆古籍馆毗连，北与什刹海相接。全园占地69万平方米（其中水面39万平方米），主要由琼华岛、东岸景区、北岸景区组成。琼华岛上树木苍郁，殿宇栉比，亭台楼阁，错落有致，白塔耸立山巅，成为公园的标志。环湖垂柳掩映着濠濮间、画舫斋、静心斋、天王殿、快雪堂、九龙壁、五龙亭、小西天等众多著名景点。北海园林博采众长，有北方园林的宏阔气势和江南私家园林婉约多姿的风韵，并蓄帝王宫苑的富丽堂皇及宗教寺院的

北海公园

远眺白塔

庄严肃穆,气象万千而又浑然一体,是中国园林艺术的瑰宝。

北海的建设源于一个古老的神话:据说,浩瀚的东海上有3座仙山,叫作蓬莱、瀛洲、方丈;山上住着长生不死的神仙。秦始皇统一中国后,派方士徐福前往东海寻找不死药,可一无所获。到了汉朝,汉武帝也做起了长生不死之梦,可寻找仍然没有结果,于是下令在长安北面挖了一个大水池,名"太液池",池中堆起3座假山,分别以蓬莱、瀛洲、方丈三仙山命名。自此以后,历代皇帝都喜欢仿效"一池三山"的形式来建造皇家宫苑。

北海所在地最初是永定河故道,河道南迁后留下一片原野和池塘。早在辽代,辽太宗耶律德光在会同元年(938年)建陪都燕京后,就在城东北郊"白莲潭"(即北海)建"瑶屿行宫",在岛顶建"广寒殿"等。《辽史》记:"西城巅有凉殿(即广寒殿),

东北隅有燕角楼、坊市、观,盖不胜书"。《洪武北平图经》记"琼华岛辽时为瑶屿"。

金灭辽后,改燕京为"中都"。金海陵王完颜亮天德二年(1150年)扩建"瑶屿行宫",增建了"瑶光殿"。金大定三年至十九年(1163—1179年)金世宗仿照北宗汴梁(今河南开封)艮岳园,建琼华岛,并从"艮岳"御苑运来大量太湖石砌成假山岩洞,在中都的东北郊以瑶屿(即北海)为中心,修建大宁离宫。从那时起,北海就基本形成了今天皇家宫苑的格局。当时把挖"金海"的土扩充成岛屿和环海的小山,岛称"琼华岛",水称"西华潭",并重修"广寒殿"等建筑。

1264年,元世祖忽必烈决定在旧中都城东北郊选择新址,营建大都。至元元年到至元八年(1264—1271年),忽必烈3次扩建琼华岛,重建广寒殿。广寒殿东西宽120尺,深62尺,高50尺,

琼岛春阴

殿广 7 间，作为帝王朝会之处。殿中放置"渎山大玉海"（今北海团城内的大玉瓮），建"玉殿"放"五山珍玉榻"（今在台北），并建有一座玉制假山，殿顶悬挂玉制响铁，殿内另有两个小石笋各有龙头，喷吐着从山后用水车提上来的湖水。可见当时的广寒殿宏伟浩大，构思巧妙，奢华无比。至元八年（1271 年），琼华岛改称"万寿山"（又称"万岁山"）。以琼华岛为中心，又在湖的东西两岸营建宫殿，将北海建成一个颇有气派的皇家御园。

1368 年，明太祖朱元璋定都南京。就在这一年，大将徐达进占大都，大都改称"北平"。朱元璋死后，燕王朱棣发动"靖难之役"，从他侄儿手里夺取了帝位，将都城从南京迁到北平，改名"北京"。

明朝在元朝的基础上，对北海又加以扩充、修葺，但基本上保持了元代北海的格局。到了明代宣德年间，宣宗朱瞻基（1426—1435 年），对万岁山进行大规模的扩建和修缮，在圆坻（今团城）修复了仪天殿，在圆坻南面小岛上建起了犀山抬圆殿，在团城的东部拆桥填土，将其与陆地相连。明天顺二年（1458 年），在北海北岸（现五龙亭处）建"太素殿"，由于用锡做材料，又称为"锡殿"，也叫"避暑凉殿"。修建此殿役使工匠 3000 余人，用白银 20 万两。在东岸建"凝和殿"；在西岸建"迎翠殿"。把团城西面的八孔中断的石桥（原断部有吊桥）改为九孔石桥，称为金鳌玉蝀桥。在新开挖的南海瀛台上建"昭和殿"等建筑。

明万历七年（1579 年），万岁山上历经四朝 600 余年风雨战乱的广寒殿坍毁，人间天宫主景建筑从此化为乌有，成为千古憾事。

1644 年李自成攻进北京，崇祯皇帝自缢，明朝覆灭，清军入关，建都于京。1651年，为民族和睦，清世祖福临根据西藏喇嘛恼木汗的请求，在广寒殿的废址上建藏式白塔，在塔前建白塔寺（正觉殿为山门）。因为岛上建起了喇嘛佛塔，山名也就改称为"白塔山"了。清高宗弘历于乾隆六年至三十六年（1741—1771年），对北海进行了大规模的修葺和增建，前后连续施工30年之久，建起了许多亭、台、殿、阁。清乾隆自谓"园林之乐，不能忘怀"，于是把江南园林的精华、文人写意、山水园林引进皇家宫苑，先后建成北海的静心斋、画舫斋、濠濮间等"园中之园"。晚清时期，光绪十一年至十四年（1885—1888年）那拉氏（慈禧）挪用海军衙门经费重修"三海"建筑，在西岸和北岸沿湖铺设了中国第一条铁路，在静心斋前修建小火车站，供慈禧乘小火车来园游宴。清光绪二十六年（1900年），八国联军侵入北京，北海惨遭践踏。北岸的澄观堂设立了联军司令部，万佛楼的10000多尊金佛及园内其他宝物被洗劫一空。

辛亥革命推翻清王朝后，北海闭园10余年，园林建筑略经修缮后于1925年8月1日才正式开放为公园。1949年新中国成立后，政府拨巨资予以修葺，1961年被国务院公布为第一批全国重点文物保护单位。

北海北岸，即靠近平安大街部分的景点，主要有亲蚕殿（先蚕坛）、静心斋、九龙壁、大慈真如殿、快雪堂、植物园等。

亲蚕殿（先蚕坛）位于北海北端，正门三楹，左右门各一。入门为亲蚕坛，坛东为观桑台。台前为桑园，台后为亲蚕门，入门为亲蚕殿，殿后为浴蚕池，池北为后殿。东面有一条用方条石

先蚕坛

砌成的小河,贯通南北,名洗蚕河。蚕坛东另有一座小院,内有先坛殿、打牲亭、井亭、神厨、蚕署等建筑。在浴蚕河东面还有一排27间房舍,是蚕妇工作的地方。蚕坛的主要殿宇全部为绿琉璃砖瓦,构造精美,色彩艳丽。

北海先蚕坛是北京九坛之一(九坛即天坛、地坛、日坛、月坛、社稷坛、祈谷坛、太岁坛、先农坛、先蚕坛),是京城现存较完整的一处皇室祭祀的场所。始建于乾隆七年(1742年),其址为明朝雷霆洪应殿的旧址。蚕坛专为皇室后妃祭祀蚕神西陵氏、行亲桑之礼。自古以来,亲蚕之礼就与亲耕之礼并重,《尚书》中载:"桑土既蚕,于是民得下丘居土。"先蚕礼是中国古代由皇后主持的最高国家祀典。清代有记载的皇后亲蚕典礼共54次,且大典礼仪完备、规格颇高。《日下旧闻考》引《皇朝通典》:"每年季春之月,皇后亲飨先蚕,由礼部预劄钦天监,选择三月吉巳日致祭，具题请旨。皇后亲蚕……届期以太牢祭先蚕之神，不读祝文，行三献礼领福受胙，并与皇帝亲耕先农坛同。"乾隆有御制丰泽园演耕诗：

岁举何须习，由来为重农。

圣人家法示，吉亥祭期逢。

虽弄田惟敬，不衡亩自从。

所希膏泽溥，寰宇兆崇墉。

亲蚕殿之北为荷沼，荷沼之北为静心斋。乾隆元年（1736年），北海的营建工程主要集中在琼华岛，乾隆十八年（1753年）之后营建中心转移到北海北岸。乾隆皇帝曾经三下江南，江南的风物人情让他印象深刻，因而他在宗教氛围浓厚的"西天梵境"一带点缀了若干颇具文人气息的庭院，如静心斋、快雪堂。

静心斋原名镜清斋，建于乾隆二十四年（1759年），曾名乾

静心斋

隆小花园，后取"明池构屋如临镜"之意，称"镜清斋"。镜清斋是一座自成格局的庭院，面积470平方米。院内以叠石假山为主景，周围配以各种建筑，幽雅而宁静。清末，慈禧在光绪十一年（1885年）挪用海军经费，对镜清斋进行了大规模修建，在园内西北角增建叠翠楼，并由中海西岸时应宫瀛秀园门外至北海北岸铺设铁轨，在镜清斋前修筑了一座小火车站。静心斋中抱素书屋和韵琴斋倚泉而建，以供皇子读书、抚琴之娱，可谓：地学蓬瀛尘自远，身依泉石兴偏幽。斋前是横卧水面的沁泉廊与叠翠楼。

叠翠楼五楹两层，是全园的最高建筑，建于光绪十一年（1885年），登楼不仅可以环视镜清斋全园景物，还可以远眺太液秋风、琼岛春阴和景山的景色。

自静心斋西向而行，得见天王殿。天王殿是"西天梵境"的主体，殿内有左右两石幢，左刻金刚经，右刻药师经，殿后为大慈真如宝殿。历级而登，有大琉璃宝殿，殿内四面回廊六七十楹，四面各有楼相接。

大慈真如宝殿是天王殿的主殿，建于明代。其木质构架全部采用珍贵的金丝楠木制作，整栋建筑通体不施釉彩，突显金丝楠木的华贵本色和大殿的庄严恢宏之气。大琉璃宝殿为砖石仿木结构，殿外为黄、绿两色琉璃瓦镶砌而成，四面墙壁布满浮雕佛像。

《三海见闻记》的作者曾对"西天梵境"感慨："今殿壁绘画已不复存，古槐数株，犹是数百年前之物。在清初盛时，亦有斜阳蔓草铜驼石马之叹，今则殿宇荒凉，佛光暗淡，瓦砾盈阶，无人过问。不知在历数十百年后,其景象更如何也。""西天梵境"在清代之盛可见一斑。

"西天梵境"之西,有琉璃墙,即世人所称之九龙壁。北海九龙壁建于乾隆二十一年(1756年),是乾隆时仿照山西大同明王府前的九龙壁而建的,也是中国3座著名的九龙壁之中最精美的一座。九龙壁由红、黄、蓝、白、青、绿、紫七色琉璃瓦镶砌而成。壁面前、后各有9条形态各异的纹龙浮雕,九龙腾飞,神态各异。壁东、西两面为流云纹饰,壁顶为琉璃筒瓦大脊庑殿顶,大脊上饰黄琉璃流云飞龙纹,故壁前、后、东、西、顶分置九龙。"九"为阳数之极,"五"居阳数之中,故九龙壁暗含九五之尊之意。

九龙壁西侧,绿树红墙掩映中便是快雪堂所在。快雪堂为三进院落,分别为澄观堂、浴兰轩、快雪堂,是乾隆皇帝为收藏书

北海九龙壁

法作品所建。明亡后,许多宫中旧藏流于民间,自清康熙皇帝开始,多次下诏搜集。其中最为珍贵的,当属元代书法家赵孟頫临摹"书圣"王羲之的《快雪时晴帖》石刻。乾隆皇帝素喜王氏书法,于乾隆四十四年(1779年)下令用金丝楠木建快雪堂,以保存《快雪时晴帖》,并作《快雪堂记》。

快雪堂的长廊上镶刻着历代书法大家的墨宝石刻,王羲之的《快雪时晴帖》、王献之的《中秋帖》及王珣的《伯远帖》等。院中有一块巨大的太湖石,乾隆皇帝御笔题写"云起"两字,是北京名石之一。堂中古朴、雄浑的石刻,金丝楠木构建的浑厚庄重的建筑,以及园中奇异的太湖石,三者交相辉映,共同营造出一种庄严又不失瑰丽的皇家氛围。

北海快雪堂

什刹海

　　什刹海是北京市历史文化保护区和旅游风景区,位于市中心城区地安门西北,毗邻北京城中轴线。水域面积共有33.6万平方米,与中南海水域一脉相连,是北京内城唯一一处具有开阔水面的开放型景区,也是北京城内风貌保存比较完整的一片历史街区,在北京城规划建设史上占有独特的地位。

　　什刹海包括前海、后海和西海3个水域及邻近地区,与"前三海"相呼应,俗称"后三海"。元代的什刹海曾是积水潭码

什刹海风光

头、繁华的商贸区。清代时，这里是绝佳的消夏游乐之所、燕京胜景之一。据说，此地原有10座古刹，因而得名什刹海。明清两代围绕什刹海区域建造的众多寺庙、道观、王府、桥楼等古建筑。据清乾隆年间绘制的《京城全图》上的标注，京城计有寺庙1300余座，分布在什刹海周边的就有90多座。旧京有谚云："在京的和尚，出京的官。"指北京的寺庙多为敕建。据记载，西海周边原有净业寺、普济寺、道教的三官庙、真武庙；后海周边原有大藏龙华寺、寿明寺、拈花寺、广化寺、永泉庵；前海旁原有火神庙，现大多已难觅踪迹。上好的景致和风水使什刹海周边成为皇亲贵胄建造王府花园的首选之地。在王公贵族聚集居住的什刹海地区有如此之多的寺庙，这与上至辽、金、元，下至明、清，历代定都北京的皇室权臣信仰佛教有莫大的干系。今天人们在什刹海周边仍能欣赏到恭王府及花园、宋庆龄故居及醇亲王府、郭沫若纪念馆、钟鼓楼、德胜门箭楼、广化寺、汇通祠、会贤堂等众多古迹。

什刹海曾是永定河故道。魏嘉平二年（250年）征北将军刘靖驻守蓟城时，命军士千人在桑乾河上修戾陵堰，开车箱渠，导高梁河水灌溉。高梁河水系下游即今什刹海一带。

13世纪，蒙古灭金，金中都宫殿毁于战火，元世祖忽必烈决定另建一座新的都城。积水潭是元大都规划设计的最基本的依据之一。全城自北向南的中轴线是紧邻积水潭而选定的，大都城四面的城墙位置是依积水潭东南岸的距离而建的，元朝曾依托这一片水域在东岸确定了都城建设的中轴线。元代百余年间，对积

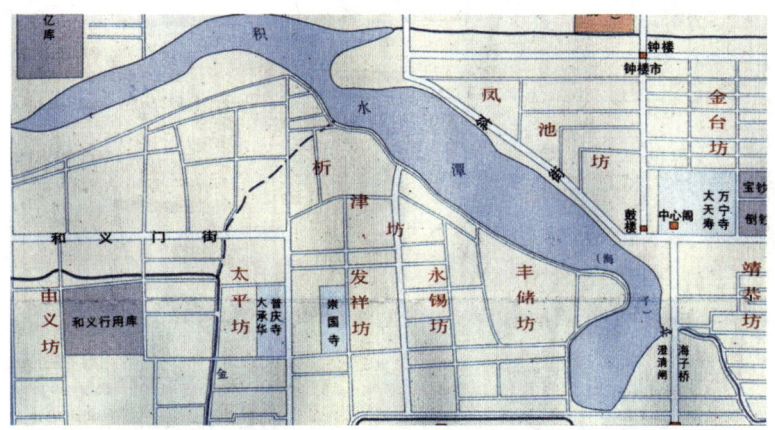

元代积水潭及海子

水潭大挖大修共有 5 次：第一次是忽必烈中统三年（1262 年），引玉泉诸水入大都城；第二次是至元二十八年（1291 年），引昌平南的白浮诸水入城；第三次是延祐六年（1319 年），重修积水潭水岸工程；第四次是至治元年（1321 年），疏浚积水潭上游和玉泉河；第五次是泰定元年（1324 年），修海子南岸工程。元代的积水潭水深面阔，东西宽二里，"汪洋如海"，水天一片。通惠河的修通，使大都城内的积水潭与南北大运河连通，成为大运河北端的码头，不仅获得了空前的漕运效益，也使京城城内包括什刹海、北海、中海和永乐十二年（1414 年）挖掘的南海在内的河湖水道成为蓄泄调节自如的完整水系。

1368 年春，朱元璋在南京称帝，把元大都城降格为北平府，江南粮米不再运至北平，因此对积水潭水系也就不太重视了。明成祖朱棣迁都北京后，对北平进行大规模扩建。皇城的北墙向外扩展后，将积水潭南面的一部分水面圈入皇城，积水潭不再是漕

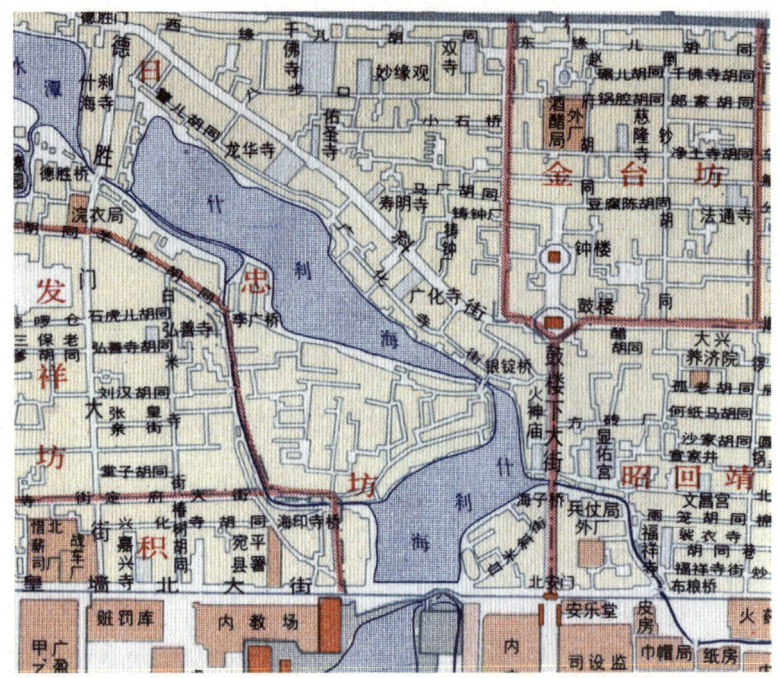

明代的什刹海及周边

运码头。皇城的东墙也往外推移，推移后将通惠河圈入城内。德胜门城门建成后，修了一条南北向的德胜门内大街，从积水潭中间拦腰穿过，将一片积水潭分作两部。城外的积水潭由一条堤相隔，北为后来的太平湖，堤内为明北城墙的护城河，东流至东直门入坝河。后来，积水潭日渐缩小变浅，中间露出一块面积相当大的岛屿（即今天恭王府的所在地），岛南面的水面逐渐变作一条细流，因其形似而称为月牙河。积水潭由元代的汪洋一片，被德胜桥、银锭桥分成一水相接的3块水面。明北京城的改建，漕粮水道的变迁，使积水潭的面貌发生了根本的变化，从元代货船云集的码头变身为城内的宁静水乡、风景胜地。四周寺庙林立，平桥远树。既有王府豪宅,也有民居杂处。酒楼茶舍星罗棋布,文人雅客络绎不绝,好似一派江南风光。明代著名诗人李东阳称什刹海为"城中第一佳山水"。明人所著《帝京景物略》中记载了什刹海当时的盛景:"沿水而刹者、墅者、亭者,因水也,水亦因之。""岁胜夏,莲始华,晏赏尽园亭,虽莲香所不至,亦席,亦歌声。岁中元夜,盂兰会,寺寺僧集,放灯莲花中,谓灯花,谓花灯。……水秋稍闲,然芦苇天,菱茨岁,诗社交于水亭。冬水坚冻,一人挽木小兜,驱如衢,曰冰床。雪后,集十余床,垆分尊合,月在雪,雪在冰。""西湖春,秦淮夏,洞庭秋,东南人自谢未曾有也。"作者称赞什刹海的美景甚至超过了西湖、秦淮、洞庭。

秀美的河湖自然引起王公贵戚的喜爱。据史料记载,终明一代什刹海地区有名的园墅就有定国公园、李广花园、漫园、镜园、方园、湜园、扬园、刘茂才园、英国公新园等。这些园墅都是以水为中心,借水造景,其中"漫园"是明代著名书画家米万钟所建。明弘治年间的太监李广在此建造了宅邸和花园。史书说他"盗引玉泉,缠绕私宅"——引什刹海水在月牙河边"起大第",引河水绕宅一周。为了进出方便,在河上建桥。后人称为"李广桥"。这条月牙河在新中国成立后变成暗河,两侧广植柳树,就是现在的"柳荫街"。现在保存完好的恭王府花园,其前身就是清代权臣和珅的住宅,就是在明太监李广私宅原址上建起来的。《嘉庆实录》中说恭王府"其园寓点缀,与圆明园的蓬岛瑶台无异"。《天咫偶闻》说"都城诸邸,惟此独矣"。醇亲王府花园位于后海北岸,占地40多亩,建于乾隆六十年(1795年),引什刹海的水,建

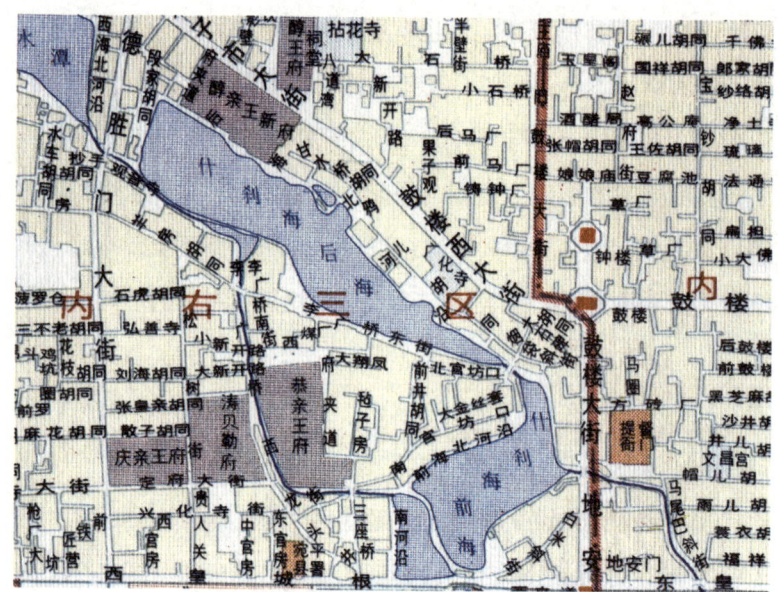

清末宣统年间什刹海及周边，可见微小的水域变化

水闸，绕假山，形成湖泊，置以游船，景致幽静。现在是宋庆龄故居所在地。

清康熙年间，在积水潭设立苑副、委署苑副，正式归属奉宸苑管理，并在积水潭内安放了专供御用的牛舌头采莲船。什刹海的出水口有两个：一是鼓楼以南万宁桥西侧的澄清闸，一是在什刹海南岸新建一座西压桥闸，连通皇城太液池，控制进太液池

新中国成立初期什刹海地区风貌

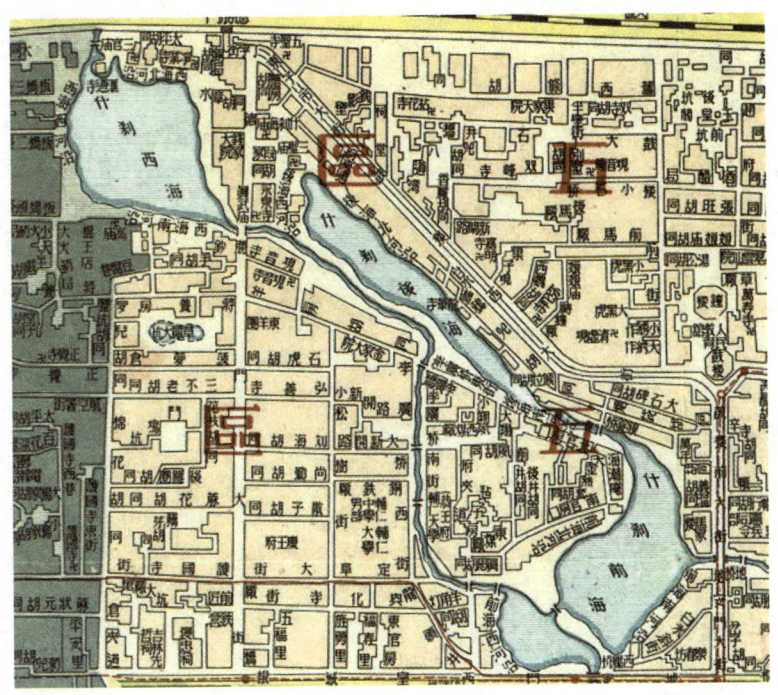

20世纪50年代什刹海及周边

（今北海）的水量，供皇苑用水。从此，什刹海便成为没有宫墙、宫门的禁苑。清末时在与北海相连通的什刹海前海西南部（今前海西沿），筑起了一条贯通南北的长堤，将什刹海前海分割为二，长堤中间偏北处有桥连通被分割的湖水。什刹海作为城内难得的水面，四周一座又一座的清代权贵王府、花园接连而起，而周围居住的一些人家也把临什刹海的一面安装扇面、寿桃、圆月、方胜等形状"十样锦"窗，又让人更多地感受到平民大众的习俗风气。

民国时期，什刹海一带水泊的自然状况与清代基本上没什么变化，其位于什刹海荷花池畔西岸的荷花市场，多售卖荷鲜、冰

什刹海现状

碗等食品摊点,成为北京平民的消夏胜地。新中国成立后,对什刹海进行了清淤工作,又在岸边建立了水泥栏杆。

如今的什刹海风光秀丽,随着游客的增多,这里逐渐出现了一些古文化商店、小吃街和酒吧等,也依托周边大量的胡同和四合院,开展胡同游等特色旅游项目,成为京城文化景区之一。

附：什刹海一带主要名人故居、古建分布

1. 郭沫若故居，前海西沿18号，全国重点文物保护单位，已经对外开放。

2. 恭王府，前海西街17号，全国重点文物保护单位，曾为和珅宅邸。

3. 宋庆龄故居，后海北沿46号，全国重点文物保护单位，原为醇亲王府西花园，现已经对外开放。

4. 马海德故居，后海北沿24号，北京市文物保护单位。马海德为医学专家，为治疗麻风病、性病做出过卓越的贡献。故居现由其家人居住。

5. 田间故居，后海北沿38号，西城区保护院落。田间为著

什刹海银锭桥

什刹海胡同游

名诗人。故居现由其家人居住。

6. 张伯驹故居，后海南沿26号，未被挂牌保护。张伯驹为收藏鉴赏家、书画家、诗词学家。故居现由其后人居住。

7. 周怀民故居，西海西沿7号旁门，未被挂牌保护。周怀民为国画家和书法鉴赏家。故居现由其夫人居住。

8. 蔡锷故居，棉花胡同66号，未被挂牌保护，现为民居。

9. 陈垣故居，兴华胡同13号，西城区文物保护单位，现为北师大辅仁教育培训中心、北师大宿舍。

10. 老舍故居，小杨家胡同8号，为老舍的出生地，未被挂牌保护，现为民居。

11. 萧军故居，鸦儿胡同6号，未被挂牌保护。萧军为作家。故居现为民居。

12. 溥杰故居，护国寺街52号，未被挂牌保护。溥杰为末代皇帝溥仪之弟，书法家。故居现为全国政协办公厅所有。

13. 梅兰芳故居，护国寺街9号，全国重点文物保护单位，现已对外开放。

14. 张之洞故居，白米斜街11号，未被挂牌保护，现为民居和酒吧。

15. 醇亲王府，后海北沿44号，保存较好，全国重点文物保护单位。现为国家宗教事务局使用。

16. 涛贝勒府，柳荫街13号，仅存东路与中路部分，北京市文物保护单位。现为北京市第十三中学使用。

其他历史建筑：

1. 关岳庙，鼓楼西大街149号，全国重点文物保护单位。现为西藏政府驻京办事处使用。

2. 会贤堂，前海北沿13号，北京市文物保护单位。现为民居。

3. 鉴园，小翔凤胡同5号，仅存部分建筑，西城区文物保护单位。现为中央警卫局使用。

4. 永泉庵，后海西沿与德胜门内大街之间，基本格局尚存，西城区文物保护单位。现为民居。

5. 大藏龙华寺，后海北沿23号，有文物建筑27间，西城区文物保护单位。现为北海幼儿园托儿部使用。

6. 寿明寺，仅剩基本格局，西城区文物保护单位。现为西城区房管局职工学校使用。

7. 郭守敬纪念馆，德胜门西大街甲60号。

南新仓

　　南新仓位于今东四十条东端路南,是明清两代皇家仓库之一,俗称东门仓,是北京现存规模最大、保存较好的皇家仓廒(共9座),也是京城漕运史、物流仓储史的历史见证。它是与故宫同时代的建筑群之一,至今已有600多年历史,是中国现存最古老的生态古建筑群,现为北京市文物保护单位。

　　南新仓建在元代粮仓——北太仓的旧址上,于明永乐七年(1409年)建造而成。清代仍沿旧称。在它周边还并排分布着旧

南新仓遗址

太仓、兴平仓、富新仓。紧邻其北还建有海运仓、北新仓。今天，除了南新仓还余些许旧迹外，其余仓廒已踪迹全无。

仓，即仓廒，也就是储藏粮食的仓库。永乐定都北京后，为保证京城军民粮食

南新仓的仓廒

供给，朝廷重新疏通元代的河道，开通漕运，之后在通州及北京城内，包括今天的东四十条、朝阳门一带逐步修建了众多粮仓。

明朝时期南新仓的仓廒，以三间为一廒，后改为一廒五间。廒门挂匾额，标明某卫某号。每廒面阔约23.8米，进深为17.6米，高约7.5米，前后出檐。由于是京城储粮重地，南新仓建造标准十分高，全部用大城砖砌成。仓房亦为砖砌，围墙厚达1.3~1.5米，廒架结构基本采用独棵圆木的传统木结构，圆木直径在30~60厘米之间。屋顶悬山合瓦清水脊顶，前有罩门。

清代沿用明代的粮储制度，各仓廒继续增建、扩充使用。到清代中期，除通州的西仓、中仓（共250廒）外，京师总共有13仓（共956廒），其中今东四十条北端的海运仓、北新仓，共计185廒；东四十条南线的南新仓、旧太仓、富新仓、兴平仓以及朝阳门内的禄米仓，共计361廒。按《顺天府志》的记载："南新仓计七十六廒；旧太仓计八十三廒；海运仓计百廒；北新仓计八十五廒；富新仓计六十四廒；兴平仓计八十一廒。"各廒座以

20世纪20年代城墙边的古粮仓

单字命名,如"甲、乙、丙、丁……""天、地、元、黄……"等。

　　清代仓廒的建筑技术比元明时代已经有了较大改进。每座仓廒所选地址都在高处,以防水淹。仓廒四周筑有高大围墙,地下修有排水管道。每院仓房主要建筑有廒座、龙门、官厅、监督值班所、官役值班所、科房、大堂、更房、警钟楼、激桶库、太仓殿、水井、辕门、仓神庙和土地祠等。廒的墙体底部厚约1.5米,顶部约为1米。如此厚的墙体,可以使粮仓内部保持相对的恒温。仓房各廒前出檐,廒顶开气楼,可以保证粮食水汽蒸发,防止霉变。仓库内不用药物,却不会生虫子、老鼠。为防止鸟雀,天窗还装有竹笔。粮食运达京仓一般集中在夏、秋季。新到的漕粮由于较湿,要先晾晒。常年存放的廪粮也需要翻倒、除糠。因此,廒外还设有晾晒场。高标准的建筑设计和施工,既保证了粮食安全,也使得粮仓历久弥坚。南新仓的空间容量相当可观,按仓最少储粮100万石的储量来计算,南新仓可储存约1亿斤的粮食。在仓的周边街巷,大车店、小饭馆、小酒店等相关行业应运而生。

目前仅存的南新仓遗址尚存留部分廒座。

清末,京仓的仓储粮比清初已大幅度减少。太平天国时期,漕运中断。漕运作为北京历史上的水路运输动脉终于完成了它的使命。民国时,南新仓改为军火库。现今仅存10廒。1984年列为北京市文物保护单位。

北新仓

北新仓位于平安大街最东端的北新仓胡同,顾名思义,位于南新仓之北,也是明清两代的粮仓。元代至明初,东直门内以南曾为河道,明中期为了利用河道开展漕运,便在此处设立了海运仓,以使漕粮直抵粮仓。以后,又于海运仓北面建了北新仓,所以南门为海运仓,北门为北新仓,从东西向看,呈"日"字形。到了清代,这两仓仍在一起。清末,仓廒逐渐失去了旧日的功能,海运仓在1900年后改为仓场公署,民国时期又改建成朝阳大学,现已无存。北新仓原有仓廒49座,康熙年间增到85座,足见当时其重要地位。原仓设大门三间,一明两暗,面阔11.7米,进深6米,为大式悬山筒瓦顶屋面。明间为棋盘大门,有门簪四个。仓房为大城墙砖砌成,每廒五间,前出罩门,仓面阔23.6米,进深17米,罩面阔4.2米,进深2.6米,规模宏大,且通风设备良好。

民国时,仓廒改为陆军被服厂。现仅存仓廒7座,保存尚属良好。1984年列为北京市文物保护单位。

护国寺

护国寺位于地安门西大街西端的北面、护国寺街西口内。

护国寺是北京八大寺庙之一,始建于元代。原为元丞相脱脱官邸,初名崇国寺(北寺)。明宣德四年(1429年)更名为大隆善寺。明成化八年(1472年)赐名为大隆善护国寺。清康熙六十一年(1722年),蒙古王公贝勒修缮此寺,为圣祖祝寿,曾对寺庙大加修缮,名护国寺,又称西寺,与东寺隆福寺相呼应。

明代刘侗、于奕正所著的《帝京景物略》中记载:

大隆善护国寺,都人呼崇国寺者,寺初名也。都人好语讹语,名初名。寺始至元,皇庆修之,延祐修之,至正又修之。元故有南北二崇国寺,此其北也。我宣德己酉,赐名隆善。成化壬辰,加护国名。正德壬申,敕西番大庆法王领占班丹、大觉法王着肖藏卜等居此,寺则大作。中殿三、旁殿八,最后景命殿。殿旁塔二,曰佛舍利塔。

护国寺前后五进院,院中碑刻很多,其中有赵孟頫的《皇庆元年崇教大师演公碑》和危素撰并书《至正二十四年隆安选公传戒碑》。寺内除供奉佛教诸佛祖外,还有元丞相脱脱夫妇塑像和辅佐明成祖朱棣并建有殊勋的姚广孝影堂。另有葡萄园数亩。

护国寺坐北朝南，呈长方形，占地1.8万平方米，南北长280米，东西宽75米。中轴线原有殿宇九层，南起依次为山门、金刚殿、天王殿、延寿殿、崇寿殿、千佛殿、护法殿、功课殿、菩萨殿。

护国寺山门

据考，护国寺的第一层殿至第三层殿，第七层殿至第九层殿均不设配殿，第四层殿至第六层殿都设东西配殿。其中第四层殿东配殿称为文殊殿，西配殿称为秘密殿；第五层殿东配殿称为伽蓝殿，西配殿称为无量殿；第六层殿东配殿称为大悲殿，西配殿称为地藏殿。

护国寺历史上曾多次毁于火灾。明末清初毁于兵火。清光绪二十六年（1900年）曾毁于庚子事变。光绪三十三年五月三日（1907年6月13日）又遇大火，全毁后殿五间，东西配殿各三间，东西耳房各两间。至20世纪70年代末。规模宏伟的护国寺，在一至六层正殿中唯有金刚殿保存完

护国寺庙会看杂耍的人们

好,在六座配殿中唯有地藏殿保存原状。人民政府曾出资进行维修,金刚殿被公布为北京市文物保护单位。

大约从乾隆年间起,护国寺就是一处重要的庙会举办地,它的形成和发展与北京寺庙的宗教活动有关。庙会在寺庙的节日或规定的日期举行,附设一些商业活动。久之就变成了老百姓的购物市场。

护国寺庙会是在每月初七、初八,隆福寺的庙会是在初九、初十。清末的《天咫偶闻》中记载:"隆善护国寺,俗称护国寺,即元之崇国寺……月七、八有庙市,与隆福寺埒,而宏敞过之。"可见护国寺庙会与隆福寺庙会齐名,也就是"东西二庙"的西庙。当年,护国寺庙会与隆福寺、白塔寺、土地庙、花市庙会,并称为北京五大庙会,可见护国寺庙会之热闹非凡。《燕京岁时记》中记载其:"开庙之日,百货云集,凡珠玉、绫罗、衣服、饮食、古玩、字画、花鸟、虫鱼以及寻常日用之物,星卜、杂技之流,无所不有。乃都城内之一大市会也。"

新中国成立初期,随着生产的恢复和发展,护国寺庙会又兴旺了一段时间。对私营工商业实行社会主义改造以后,摊贩们大多集中到了隆福寺营业。不久护国寺庙会停办。1957年后,庙中建筑逐渐为一些单位占用,其余大部分建筑被拆除,护国寺仅存三间金刚殿和后殿的几间西配殿。后来又对遗存的金刚殿进行了修葺。今天的护国寺小吃店和花店,就是在原来庙会的基础上形成的。

王 府

平安大街一线紧邻皇城,并有什刹海水系环绕,交通便利,属于风水宝地,因此成为王公贵族造府建园的首选之地。如今现存大街一线的11座王府,更是饱经沧桑,从繁荣到没落,仿佛向世人述说着一个时代的结束,另一个时代的崛起。

北京城兴建王府始于明代。明永乐帝朱棣曾在京城建有"十王府"，位置大约在今天王府井大街路东与帅府园、金鱼胡同之间。十王府是为已成年而不便再居于宫中但却未"之国"的皇子，做临时的过渡之所。明代规制是亲王均就藩于外省，各在其封地建王府，因此京城只有这"十王府"和另外几处零星的公主府，王府数量不多。

到了清代，皇室的分封制度在吸取历代王朝经验教训的基础上，发展得最为彻底：所封诸王既没有实权也没有郡国，必须在京城皇帝眼皮子底下生活。因此清代分封的各亲王、郡王、贝勒、贝子等均在京居住、建府。北京城自此开始大量兴建王府，乃至远远超过了当时盛京所建王府的数量、规模。清代王府实行"国有制"，产权归朝廷，封号时有变易，因此府主更迭频繁。清朝268年的历史中，共分封了百余位王爷，据嘉庆年间礼亲王《啸亭杂录》记载，从顺治至嘉庆年间，北京城共有王公府邸89所，有确切位置所指的78所。《乾隆京城全图》中标注的王府有42处。到光绪二十五年（1899年），有记载可查的辅国公以上府邸就有50所。这些王府按封号承袭，有些王府后来则被改为寺庙，如顺治初年的睿亲王多尔衮府，被改建为玛哈噶喇庙，后又改名为普度寺。雍正即位前的府邸改为雍和宫。怡亲王允祥的府邸被改为贤良寺。到清末时王府数量达到顶峰，这些王公府邸以拱卫皇城之势，分布在八旗所居的内城。

这些王府大多建筑宏伟，多数建有花园，主人都是皇亲贵胄。据史料记载："京师园林，以各府为胜，以太平湖之旧醇亲王府，三转桥之恭王府,甘水桥北岸之新醇亲王府,尤以二龙坑之郑王府为最有名。其园甚钜丽,奥如旷如,各极其妙。"直到清朝末年,郑王府花园——惠园还闻名遐迩,为清代北京最著名的王府花园之一。《京师坊巷志稿》载:"惠园在西单牌楼郑亲王府,引池叠石,饶有幽致,传是李笠翁手笔。园后为雏凤楼,楼前有池,其后即内宫门楼。后有瀑布,高丈余,其声琅然可听。"现尚存留的有恭王府之萃锦园,醇亲王府之渌水园(今宋庆龄故居)。恭亲王还在府外另建了一所小花园,即鉴园。

今平安大街一线由于紧邻皇城,并有什刹海水系环绕,交通便利,属于风水宝地,因此成为王公贵族造府建园的首选之地。根据古籍记载,到乾隆年间时,今平安大街沿线及紧邻周边已有如下王府:

和敬公主府:铁狮子胡同

贝勒斐苏府:铁狮子胡同

和亲王府:铁狮子胡同

淳亲王府:玉河桥西岸

恭亲王府:铁狮子胡同

慎郡王府:前广平库胡同

果亲王府:王府夹道

愉郡王府:龙头井北

诚亲王府:宽街迤南

庄亲王府:太平仓胡同

这10座王府分布在今平安大街一线,而当时整个京城内城总共有王府 30 座，其中亲王府 19 处、郡王府 11 处。这种分布情况反映了今平安大街一线在当时的重要地位。

辛亥革命后，随着清室的倾覆，王府的命运也急速衰败。多数王府在频繁的变卖中不断地被拆建、分割，甚至最后沦为居民大杂院。1959 年北京市文物工作队普查登记时，北京尚存清代王府 55 处。之后，随国家建设需要，多数王府被拆除。至 2006 年底，北京有府址可寻的王公府邸共 46 座，其中孚王府、恭王府及花园、醇亲王府、淳亲王府（即英国使馆旧址）、克勤郡王府等 5 座王府被公布为全国重点文物保护单位，郑王府、礼王府、顺承郡王府、恒亲王府、宁郡王府、和敬公主府、庆王府、醇亲王南府、涛贝勒府、僧王府等 10 座王府被公布为北京市文物保护单位。

恭王府

始建年代：清乾隆四十一年（1776 年）

始封人：奕䜣

末代王：溥伟

曾住人物：奕䜣、和珅、永璘

占地面积：61120 平方米

地址：西城区前海西街 17 号

说起平安大街上最有名、保存最为完整的王府,当属恭王府。位于地安门西大街迤北、什刹海西岸的恭王府,是清代规模最大的一座王府,现在是全国重点文物保护单位,也是北京第一个正式对外开放的王府。这个名称源于恭亲王奕䜣,但最为人所熟知的却是这里曾是大贪官和珅的府邸。后来嘉庆帝之弟永璘也曾居于此。

早在明朝年间,恭王府这块地曾是大太监李广所修建的带花园的府邸。这条街在明代时就叫李广后斜街。直到民国时还留有李广桥、李广桥南街等地名。

雍正年间,这里仍是一片民房。到了乾隆年间,年仅27岁的和珅在什刹海畔李广宅旧址上大兴土木,逾越规制建造了"和

恭王府一角

第"——即今天的恭王府。和珅所建豪宅虽不叫王府,奢华富丽却更胜一筹。清宫史料中形容:"其园寓点缀,与蓬岛瑶台无异。"宅院所带的花园甚至比紫禁城御花园还要大3倍多。

恭王府石券

和珅势败后,"和第"也被没收,被嘉庆赐予其弟——庆亲

恭王府

王永璘,和宅变身为庆王府。直到咸丰年间,被赐予恭亲王奕䜣,恭王府的名称也因此而来。奕䜣在原有基础上对王府进行了大规模修建,最终形成今日的恭王府规模。

恭王府历经了清王朝由盛而衰的进程,著名学者侯仁之先生评价其"一座恭王府,半部清代史"。

和珅像

民国初年,这座王府被恭亲王的孙子溥伟以40万块大洋卖给教会,后由辅仁大学用108根金条赎回,并用作女生学堂。1988年,恭王府花园对外开放,2008年恭王

恭王府花园长廊旧景

府完成修缮，全面对外开放。

恭王府分为府邸和花园两部分，全府三面环山，是江南园林与北方建筑的完美融合。整座建筑群有中、东、西三路，各有三个院落。中路最主要的建筑是银安殿和嘉乐堂，殿堂屋顶为琉璃瓦、脊兽吻。东路的前院有"多福轩"，后院厅为"乐道堂"，是当年恭亲王的起居处。西路主体建筑为葆光室和锡晋斋。锡晋斋大厅内有雕饰精美的楠木隔断，为和珅仿紫禁城宁寿宫式样所建。府邸最深处横有一座两层的后罩楼，全长160米。锡晋斋、葆光室、嘉乐堂等建筑与名称是在和第时期就已经有的。

恭王府花园名为"萃锦园"，其字为恭亲王亲题，是京城王府园林中最为豪华的。花园也分为东、中、西三路。正门是一座

恭王府花园湖心亭

恭王府花园旧景

西洋建筑风格的汉白玉石拱券门,中心有康熙御书"福"字碑。园中建有戏楼、天香庭院、妙香亭等一系列建筑。

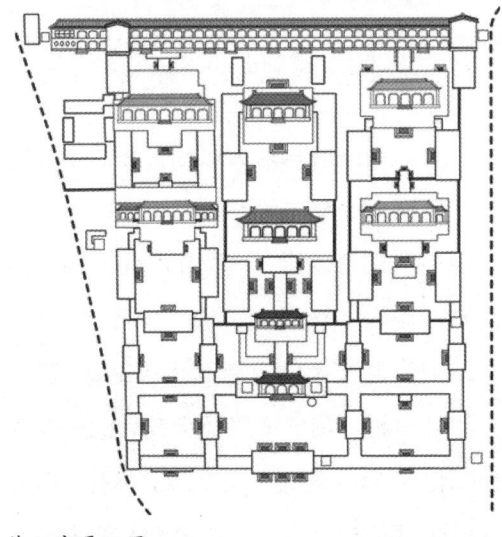

恭王府平面图

"月牙河绕宅如龙蟠,西山远望如虎踞",这曾是史书上对恭王府的描述。清王朝覆灭后,京城众多王府陆续惨遭劫难。恭王府也难逃厄运。府中的家具、珠宝、器具、设施、字画等，仅在民国初年便流失了近2000件。建筑物也屡遭破坏。

新中国成立后，恭王府被一些单位挤占，直到2006年才全部腾退。北京市政府拨款4亿元修缮。恭王府恢复了本来的富丽堂皇。

庄亲王府

允禄像

始建年代：清顺治年间

始封人：硕塞

末代王：载功

占地面积：75600平方米

地址：平安里大街太平仓路口

庄亲王府东邻黄城根，几百年间曾一直横亘于皇城西北端，过往行人只能绕道毛家湾通行。这里在明代时为太平仓。进入清代以后，成为承泽亲王府。始封王硕塞系清太宗皇太极的第五子，战功卓越。其子博果铎承袭后此府改为庄亲王府。在庄亲王府稍南的毛家湾还有一处庄亲王小府。博果铎无嗣，因此康熙第十六子允禄被过继给他，承袭了庄亲王爵。

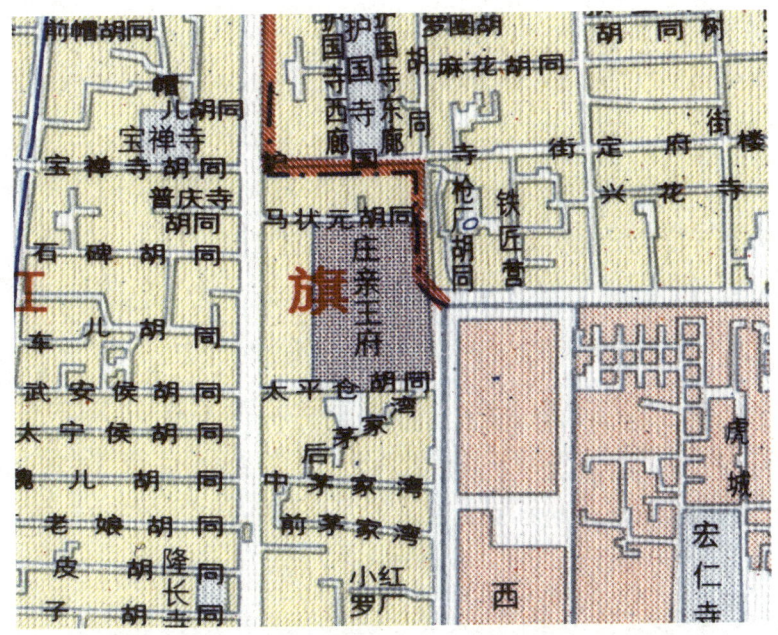

庄亲王府位置图

允禄其人精于数学，通音律，很有才华。他承袭了庄亲王后，对原府上下众人很关照，口碑极好。允禄曾召集乐工编纂过一套流传至今的曲谱——《九宫大成南北词宫谱》。《九宫大成南北词宫谱》是一部戏曲音乐曲谱集，全书共收录自唐代起全国各地的南戏、北杂剧、明清昆腔、清宫承应戏等南北曲曲牌2094个，曲谱4466首。这套书至今仍然是研究中国戏曲、昆曲的最重要参考资料。

庄亲王府作为清初八家"铁帽子王"（即世袭罔替）之一，与清王朝命运相始终。庄亲王这个爵位共传有9代13人。其中第十一代庄亲王载勋，还曾给王府带来过几乎灭顶之灾，而他自己也终致杀身之祸。在光绪二十六年（1900年）义和团运动中，载勋公然力主利用义和团对抗西方列强，还在庄亲王府中设立神坛。北京被八国联军攻陷后，载勋随慈禧向西安逃跑，庄亲王府也被烧毁。聚集在庄亲王府内的义和团团民被屠杀殆尽，载勋本人则被赐死于赴西安途中，成了"庚子之乱"的替罪羊。

到了第十二位庄亲王，也就是末代王载功时，正值清末民初的战乱时期，清王朝摇摇欲坠。载功承袭爵位时还是光绪二十八年（1902年），到了他去世的1915年，已经是改天换地的民国时期。经历了八国联军焚毁的庄亲王府此时已经基本上成了废墟。载功的儿子溥绪于1916年受封为庄亲王，可惜此时这样的封号早已名存实亡、毫无意义了。然而溥绪其人却是一位极富戏曲艺术修养、谙熟京剧、通音律的大家。他曾专门为尚小云、杨小楼、高庆奎、郝寿臣等编写京剧剧本，时人称其"一日可成一剧"，一改历史上文人多不接近京剧剧本创作的风气。

民国年间，军阀李纯以20万元的价格从载功手中购得庄亲王府。李家将王府地面建筑全部拆除，在府中四处挖掘，幻想找到传说中的宝藏，最后却一无所得。之后在府中开辟出一条道路与皇城根相连，原府址处改名为平安里。庄亲王府因此被隔成南北两处，平安里作为地名即诞生于此时，以后形成的平安大街也由此而得名，庄亲王府则从此淡出世人眼中。

庄亲王府占地广阔，居北京各王府前列。大门开在太平仓胡同路北，府内建筑与其他各亲王府相同，中路正北面阔五间，大殿面阔七间，前出丹墀。东西有配殿。后殿、后寝、后罩房均宏伟壮丽。西路为花园，东路为附属院落，东路偏北是王府的祠堂。与其他王府不同的是，太平仓胡同东、西还各建有一座阿斯门。阿斯门是专指王府、宫殿等所建的旁门或侧门，用于日常生活中用人出入，非正式场合也走阿斯门。

后毛家湾的庄亲王府小府，院内植有很多树木。一共有78间房屋，还有甜水井、苦水井各一眼。民国时以5万元的价格卖给了中孚银行。中孚银行又转卖给辅仁女校。女校之西有革命先驱李大钊故居。《北京市西城区地名志》中载："后毛家湾1号院，原为清庄亲王府遗址，林彪于1951年秋至1971年秋曾寓此，现为中央文献研究室及部队驻地。"直到20世纪80年代，太平仓胡同东口路北还遗有桂山（李纯之弟）书"平安里"砖刻门额一方及石狮子。

1957年，平安里西大街西段扩建为5米宽的砾石路面。1971年拆除了今天官园桥以西的胡同，拓宽成街，称平安里西大街。1999年，拆除前车、后车等胡同，将平安里西大街与地安门西大街相连。至此整条平安大街得以贯通。

和亲王府

始建年代：清雍正十一年（1733年）

始封人：弘昼

末代王：毓璋

曾住人物：李鸿章、袁世凯、段祺瑞

地址：张自忠路东口

这里不仅是亲王府邸，还曾是晚清最高军事指挥衙门——清陆军部和海军部旧址，后来是段祺瑞执政府所在地；就在这里

和亲王府旧址

发生了震惊全国的"三一八"惨案；1937年冈村宁次的日本华北驻军总司令部也在这里——和亲王府是几百年来北京乃至旧中国沧桑的亲历与见证地、风云突变的政治舞台。近代中国历史演变的信息在此地浓缩。

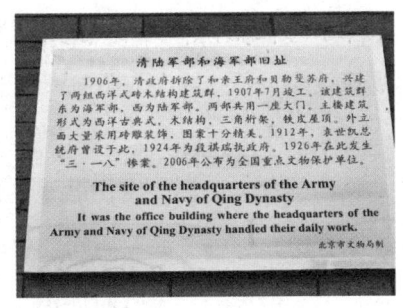

清陆军部海军部旧址铭牌

和亲王府位于张自忠路东口路北。这里自明代起到民国年间一直被称为铁狮子胡同。清代时这条街上曾并列有3座王府：东为和亲王府，中间为贝勒斐苏府，西为和敬公主府。和亲王府最

1912年袁世凯内阁成员在清陆军部海军部主楼前合影

早是康熙第九子允禟的贝子府,雍正十一年(1733 年)其宅第赐雍正第五子弘昼,改建为和亲王府。著名书法家启功,便是这位王爷的后人。

和亲王府以后一直由弘昼的后人居住。1885 年,晚清朝廷为图变革,创办了海军衙门,总理海军事务。"甲午战争"北洋水师全军覆没后,清政府撤销了海军衙门。1901 年之后,清政府实行"新政",将兵部、练兵处、太仆寺合并为陆军部,1906 年,和亲王府里的大殿被拆除,兴建了东西两组西洋巴洛克式砖木结构的楼房,西部设为陆军部,东部为陆军部所属的贵胄学堂。1907 年清政府重建海军部,贵胄学堂后被改为海军部。

1912 年,袁世凯曾把总统府设于此府西院,国务院设于东院;1919 年后,靳云鹏任国务总理兼陆军总长,这里改为总理府;1924 年,段祺瑞在这里设立北京临时执政府。

1926 年 3 月 18 日上午,由国民党北京执行部、北京市党部、中共北方区委、

段祺瑞执政府旧址

"三一八"惨案发生前,在执政府门前的学生与卫队对峙的情景

北京市委、北京总工会、学生联合会等团体组织北京 80 多所学校 5000 多人,在天安门举行"反对八国最后通牒的国民大会"。会议开完后,由李大钊率领的北京学生游行队伍按预定路线,由天安门出发,经长安街、东单、米市大街、东四牌楼,最后进入铁狮子胡同东口,在段祺瑞执政府门前广场请愿。在执政府门前遭到了军警开枪镇压。死 47 人,伤 200 余人,王府的石狮见证了举国震惊的"三一八"惨案。鲁迅为此写下了名篇《记念刘和珍君》,以纪念惨案中去世的学生,并称这一天

"三一八"惨案发生地纪念碑

为"民国以来最黑暗的一天"。各地舆论也纷纷谴责国务院门口的屠杀。一个月后,段祺瑞执政府倒台,段祺瑞本人逃往天津。

1926年4月10日,北京发生政变。驻北京的国民军将领鹿钟麟包围了临时执政府,段祺瑞出逃;执政府倒台,由冯玉祥将军接管。1928年后,这里又改为北平卫戍区司令部。1937年前这里改为二十九军驻北平军部及冀察政务委员会。1937年,日军侵占华北,这里成为以冈村宁次为首的日本华北驻屯军总司令部,东院则是以喜多为首的日本特务机关兴亚院。1945年抗战胜利后,国民党接管了这里,改为十一战区长官司令部和国民党北平警备司令部。

1949年中国人民大学以此处作校舍。1978年主楼由清史研究所使用。1984年定为北京市文物保护单位,东城区将其列为青少年爱国主义教育基地。2006年5月被国务院定为第六批全国重点文物保护单位。

段祺瑞执政府旧址门前影壁

整座建筑群主楼为欧洲古典式灰砖楼,前后面三间楼门,中部三层,两侧及翼楼二层,外檐为联拱柱廊。全楼外形华丽壮观,布满精美的砖雕花饰。主楼的东、西、北面各有一座楼房。在这组楼群的东西两边各有一组风格相同的建筑。东部作为海军部,西部作为陆军部。大门为传统的木构建筑形式,面阔五

陆军部海军部旧址

段祺瑞执政府旧址

间,灰筒瓦悬山大脊顶,中间三间开门。东西山墙外露七架梁。门前有三米多高的石狮一对。隔街对面有一座悬山顶砖雕大影壁。

府内建筑细部

地下室窗户

和敬公主府

始建年代：清乾隆年间

始封人：固伦和敬公主

末代封人：达赉

地址：张自忠路7号

和敬公主府位于平安大街张自忠路（原铁狮子胡同）7号，

和敬公主府大门

紧挨着和亲王府。是乾隆皇帝第三女固伦和敬公主下嫁后的赐第。固伦和敬公主是清朝公主中地位最高的固伦公主，其府邸的等级与亲王相同，但实际上该府的建筑等级比亲王府低一级。乾隆《京城全图》上绘有该府的平面全图，和现状相比，目前该府主体部分的格局没有变化，局部有些改动，改动最大的地方是原来的七间后罩楼增大进深，原来属于该公主府的后部及东部已经全部划出府外。

和敬公主生于清雍正九年（1731年），卒于乾隆五十七年（1792年），系孝贤纯皇后所生。由于乾隆皇帝的长女和次女很小就夭折了，因此乾隆皇帝非常宠爱这位公主。在公主16岁这年，乾隆皇帝将其下嫁给了蒙古科尔沁部的辅国公色布腾巴勒珠尔，并赐了这座府邸。此府一直由其后人居住。光绪二十七年（1901年）达赉袭爵，封为贝子，他成为此府的最后一代传人，所以此府也常被人们称为达贝子府。

民国后这里成了北洋军阀政府陆军部所在地，曾以15万大洋的价格卖给直鲁联军总司令张宗昌，并进行了改扩建，改建了后罩楼，并且在前两进院里加上了甬路窗廊、八方亭和前后罩房。目前一些建

和敬公主府内建筑

筑已难窥旧貌。1981年府第经过一次较大的重修，如今用作宾馆，基本格局及主要建筑形式大致未再变化。1984年列为北京市文物保护单位。

和敬公主府共四进院落，坐北朝南，由五重房屋建筑组成。自外垣以内有正门三间，正门两侧石狮子一对，为王府执事所在；第一进院过厅三间，前后出廊，东西配殿三间，这进院落是主人会客和举行隆重的仪式活动之所在；第二进院正殿五间，东西配殿各五间，此进院落是院主人起居的地方；第三进院后寝殿五间，东西配殿各五间。这前三进院落皆是清水脊筒瓦屋面。院子最北是后罩楼七间，为两卷勾连搭形式。

僧王府

始建年代：清道光年间
始封人：僧格林沁
末代封人：阿穆尔灵圭
地址：地安门东大街炒豆胡同

僧王府，也就是僧格林沁王府，位于地安门东大街北面的炒豆胡同，是保存比较完整的清代蒙古王府。北京的蒙古王府一共有3处，那王府（那彦图王府、超勇亲王府）、僧王府（僧格林

僧王府花园旧景

沁王府、"伯王府")、罗亲王府(阿拉善王府)。清王朝的各蒙古王公、扎萨克(各旗旗长)等一般在本旗有领地,在京城大多不赐府邸,只是少数有战功、与皇族结有婚姻关系的蒙古王爷,才在北京受赐藩邸。居京的蒙古王一旦遇到国家有战事时,便可调动其部蒙古兵同驰赴援。

僧格林沁(1811—1865年),清末著名将领,是成吉思汗的胞弟哈撒尔的第二十六代孙,蒙古族。道光五年(1825年)承袭科尔沁郡王,曾任御前大臣、领侍卫内大臣都统。咸丰三年(1853年)任参赞大臣,率兵防堵太平天国北伐军。两年后,因擒杀太平天国北伐军主将林凤祥、李开芳,晋封亲王,世袭罔替。僧格林沁率领的蒙古骑兵战斗力强,能与曾国藩、左宗棠的湘军和李鸿章的淮军相提并论。咸丰十年(1860年)僧格林沁率兵抗击英法联军,失守大沽、天津。后在山东、河南、安徽对捻军作战时阵亡。纵观他的一生,其能征善战,对朝廷忠心耿耿,

僧格林沁像

在历史上却是个毁誉参半的人物。

僧格林沁死后，清廷便丧失了满蒙八旗的劲旅，军权旁落湘军、淮军手中，王朝渐临末日。光绪年间，清廷在今地安门东大街路北为僧格林沁立专祠，名"显忠祠"（现为宽街小学）。其子伯彦诺谟诂承袭了亲王爵，因此民间又称这座王府为"伯王府"。后来由其孙阿穆尔灵圭承袭，因此又称为"阿王府"。其实确切地讲，此王府准确的全称应为：博多勒噶台亲王府，因为"博多勒噶台亲王"是世袭罔替的。阿穆尔灵圭曾任第一届国会议员，后来家道衰落，难以维持，只好拍卖王府。王府被分成了许多院落，现在的炒豆胡同71号~77号（单号）、板厂胡同30号~34号（双号），都是原王府的范围。板厂胡同30号、32号只是原府西部的后半部分。该府西部后来成为温泉中学，中部为著名的文物专家和历史学家朱家溍购得，东部中的一部分卖给了西北

僧格林沁之孙阿穆尔灵圭

板厂胡同30号僧王府

军。1954年,此府大部分作为煤炭部宿舍。现为东城区文物保护单位。

僧王府的建造耗时经年,最后几乎占据了炒豆胡同一条街。建成后的僧王府规模很大,前门在炒豆胡同,后门在板厂胡同,纵跨两个胡同。王府分中、东、西三路,各有四进。其中东路除正院外,还有东院四进,组成一个很大的建筑群。

王府正门外原有大影壁,门内有枪架。腰厅、垂花门、上房院、后罩房等均由抄手游廊相接。此外,院内还有爬山廊、游廊、花厅、亭、台、水池等。室内为冬季取暖均设地炕。地炕烧火口在走廊两端,室内有地下火道,走廊台阶处有出火口,烟及煤气均从此出去。

板厂胡同30号僧王府院内

73号院有倒座房五间，院内西配房三间，二进院，北房五间，东西厢房各三间，三进院北房三间，全院环以围廊，四进院后罩房九间，均为合瓦过垄脊硬山房。75号院门内有影壁一座，南有倒座房六间，为合瓦屋面，北为腰厅七间，中启厅门，过厅门，进垂花门为二进院，北房三间，进深七檩，东西耳房各二间，东西厢房各三间，抄手游廊环四周。后院内板厂胡同32号院，北房三间，东西耳房各二间，东西厢房各三间，均为筒瓦过垄脊硬山房。77号有倒座房东二间，西六间，合瓦屋面。院内只存西配房五间，北为过厅七间，前出廊，中启厅门。北出一间轩门，东西连廊，北房三间，进深七檩，前后廊东西耳房各二间，东西厢房各三间，前出廊，抄手游廊连接各房，北房西侧耳房内间应为穿廊至后院。北房三间，进深五檩，前出廊，东西耳房各二间，

僧王府大门旧景

炒豆胡同77号僧王府

东西厢房各三间。西路院一进院南房三间,西厢房三间,北房三间带前廊和东西各一间耳房。二进院北房三间,带前廊东西耳房各一间。东西厢房各三间。以上均为筒瓦过垄脊硬山房,虽有改建但廊间宽大,应为原王府的建筑。

1986年僧王府被公布为东城区文物保护单位,2003年被公布为北京市文物保护单位。

庆王府

始建年代：清咸丰年间
始封人：永璘
末代封人：载振
地址：地安门西大街定阜街

庆王府位于西城区定阜街3号，是清代4个恩封世袭罔替亲王府之一，北京市文物保护单位。

庆王府前后有两处，其中庆僖亲王府在三转桥，是和珅旧宅的一部分。咸丰元年（1851年）该府让给恭亲王居住。位于定阜大街的庆王府则是光绪十年（1884年）奕劻晋庆郡王时赏给的，其原为大学士琦善的旧宅。

庆王府标牌

该府占地宽敞。府之范围东起松树街，西至德内大街，南起定阜街，北至延年胡同。府中建筑宏伟，分为东、中、西3部分，5个并排院落。中部是主要殿堂，其中大部分已被拆

庆王府大门

除，建成了楼房，仅存一座后寝。东部亦被改建。西部是居住区，保存基本完整。原厅堂各有名称，并悬挂匾额。在小宫门北的第三进院落中，有面阔五间的正房，此处是奕劻所居住的"宜奋堂"，书房右为"约斋"，客厅名为"契兰斋"。西部院落最后是座二层楼，俗称绣楼或梳妆楼，是奕劻为其女眷们所建，融合了西洋风格，造型独特。面阔五间，左右两翼内侧面阔四间、外侧面阔六间，有红廊柱、红栏杆，间有黄"卍"字形木雕。后园中原有戏楼，分为上下二层，1310平方米，可容纳约400人，每逢奕劻父子大寿或府中有喜庆事时，便请戏班连演3天京剧，据说当时的著名京剧演员谭鑫培、王瑶卿、陈德霖、杨小楼等都到此唱过戏。

八国联军入侵北京时，京城的王公府第大都遭到抢劫破坏。而奕劻由于与入侵者在谈判中，极尽卖国求和之能事，使得庆王

庆王府西侧外景

府免于浩劫。奕劻为官60载,贪污受贿,聚资至万。辛亥革命后他携万贯家私避居天津,直至1918年病死。1923年,其后人恐王府引人注意招惹是非,曾把大门和门内外一应设施全部拆除,改成一般住户的小门。1928年,国民党第四军团指挥方振武在府里设司令部,占用多年。为了王府不再被人强占,奕劻后人载振曾让一些亲朋好友住进府内。北平沦陷期间,王府被售给伪华北政务委员会。抗日战争胜利后,庆王府被国民政府接收,设国民政府教育部编审会、国军空军北平地区司令部于此。1949年2月,中国人民解放军进入北平后,中国人民解放军华北军区司令部曾设在庆王府内。50年代初至今,庆王府一直由北京卫戍区所属机关使用。

　　1984年,庆王府西院被列为北京市文物保护单位。到2000

年，庆王府内有居民100户，已拆除非文物建筑总面积1350平方米，并且拆除了高架电线和电缆。

大公主府

大公主府是恭亲王奕䜣的长女荣寿公主的府邸，因为慈禧太后非常喜欢恭亲王的这位女儿，将她收养，因此称为"大公主府"。她的府邸原为康熙二十四子诚亲王允祕的王府，同治年间改为咸丰女儿荣安固伦公主的府邸，后又转赐给荣寿公主。府址就在平安大街宽街迤南。

大公主府建于乾隆二年（1737年）。此地紧邻皇城外东北角，元代属蓬莱坊，明代属保大坊，清代属正白旗。元至元年间，元世祖忽必烈在此处为道教正一派传人张留孙建崇真万寿宫。

民国时，荣寿和硕公主的后人家道衰落，终因债台高筑弃府而逃，遂府归债权人吉祥戏院所有，后由宪兵三团、后方医院使用。

1956年，此处改为北京中医医院。1985年因建设北京中医院需要占用这个地段，全府被迁建至密云，占地2.1万平方米，有130多间房屋，分门殿、正殿、寝宫门、寝殿、后罩楼五进院落。

涛贝勒府

涛贝勒府位于西城区柳荫街 27 号,现为北京市第十三中学。

该府原是康熙第十五子愉郡王允禑居住的愉王府,光绪二十八年(1902 年),醇贤亲王奕譞的第七子载涛过继给钟郡王奕詥为嗣,承袭贝勒爵,迁居于愉王府,作为贝勒府,因而称为涛贝勒府。

涛贝勒府

涛贝勒府院内

涛贝勒府内部

涛贝勒府现存古建筑约 1000 平方米，为中西合璧型建筑风格。坐北朝南，有门东向。分中路和东路及西路。中路有四进院落，东路亦有四进院，后三进院为三合院。西路只有前后 3 排房子，西为戏楼。南为花园，有长廊、亭、花厅、假山等。

1925 年，涛贝勒府租给罗马教廷天主教会。1929 年，辅仁大学在涛贝勒府筹建主楼，聘请比利时籍的传教士和建筑师格里森担任设计。格里森借鉴了中国传统古典建筑造型元素，将主楼设计成中国宫殿式城堡，门楼三层，进门后东、南、西、北各有一座三层角楼。整座建筑群以中轴线为中心，完全对称。汉白玉圆券拱门、石雕、挑出的抱厦、琉璃瓦等众多中国古典建筑的细部做法一应俱全。

附：辅仁大学

辅仁大学创建于 1927 年，其前身为 1925 年成立的辅仁社。1951 年并入北京师范大学，1987 年被公布为北京市文物保护单

原辅仁大学旧照

位,保护范围为东至柳荫街规划红线,南至定阜街规划红线,西、北至现状围墙。

20世纪初,辅仁大学与北大、清华、燕京并称为北平四大名校。作为一所教会学校,其创办人马相伯,是著名的中国天主教领袖人物,同时也是复旦大学的创办人。日军侵占北平期间,辅仁大学由于其教会背景而免于南迁的命运,并能正常招生。当时北京有谚云:"北大老,师大穷,唯有清华可通融。辅仁是个和尚庙,六根不净莫报名。"可见辅仁大学的校风。王光美、来新夏、史念海、史树青等均从辅仁大学毕业。

故 居

谈平安大街就不能不谈街巷里的故居,如郭沫若故居、梅兰芳故居、宋庆龄故居、崇礼住宅等。这些故居中的名人雅士给这条大街赋予了更加深厚的文化底蕴。

平安大街贯通京城东西，紧邻皇城，吸引了众多名人墨客居住于此，并集中于什刹海和南锣鼓巷一带。具体有王树常故居，文煜宅，张伯驹、潘素故居纪念馆，郭沫若故居，茅盾故居，梅兰芳故居，宋庆龄故居，欧阳予倩故居，田汉故居，陈垣故居，齐白石旧居纪念馆和蒋介石行辕等，他们丰富多彩的人生，赋予了这条大街更加深厚的文化底蕴和魅力。

欧阳予倩故居

地址：张自忠路5号

保护等级：东城区文物保护单位

欧阳予倩故居院内建筑为中西合璧式。大门为近代式砖拱门楼，东西两侧有南房各四间，临街墙面辟拱券式窗，北面为平廊，接东西房各二间。院中部为一幢西式建筑，平面近似正方形，砖石结构，四坡顶，水泥板瓦屋面，檐口有砖砌多层线角装饰。西面辟五个券窗，

欧阳予倩像

东、南两面居中一间辟有门，五级台阶。南面主入口有门廊一间，两坡顶，三角形门楣，四根爱奥尼式柱子支撑，东西两侧为瓶式

欧阳予倩故居

的廊凳。房东南角设有太阳房,八角攒尖式屋顶。其东有一座北房为院内正房,面阔三间,前后出廊。再北后房五间,前出廊。其西建有中式排子房五间。欧阳予倩先生曾居于西北部的宅院,有北房三间,前廊后厦,东耳房一间,西耳房两间,均为硬山合瓦过垄脊,室内为木地板铺装。

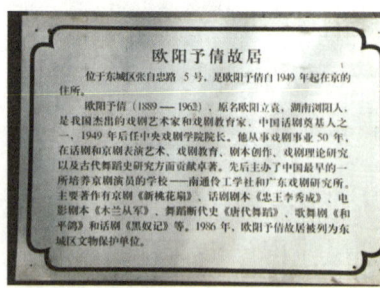

欧阳予倩故居标牌

此院原为医院。欧阳予倩(1889—1962年)是我国杰出的戏剧艺术家、戏剧教育家、中国现代戏剧奠基人之一,生前为中央戏剧学院院长。1949年,应中国共

欧阳予倩故居
院内旧景

产党的邀请,欧阳予倩从香港回到北京参加第一届全国政协会议,同年11月携全家迁居于此。这里曾是一个文化名人荟萃的场所,著名作家曹禺、作曲家光未然等当时都曾寓居此院。

欧阳予倩故居院内今貌

郭沫若故居

地址：前海西街18号

保护等级：全国重点文物保护单位

郭沫若像

郭沫若故居东邻什刹海，南望北海公园静心斋。此地在乾隆朝时是一座花园，同治朝时成为恭王府的马厩和草料场，民国初年卖给乐氏达仁堂作宅园。

郭沫若故居

1950年至1959年此地作为蒙古驻华使馆。1960年后曾作为宋庆龄寓所。1963年11月郭沫若搬到这里,直至1978年去世。

故居占地7000平方米,建筑面积2280平方米,为庭院式两进四合院。大门坐东朝西,是一座广亮式大门,面阔三间,进深五檩。门额上方悬挂黑底金字木匾,由邓颖超题写"郭沫若故居"。大门内一座大型庭院是前院,由甬道分隔为若干区域。土山上有白皮松、银杏若干株,一尊1.8米的郭沫若铜像立于草坪。北边有一道垂花门,面阔五间,进深九檩,一殿一卷式。步入垂花门是一进院,有正房、左右耳房、东西厢房及连接回廊。一排暖廊将后罩房与前院正房连在一起成为二进院。四合院的西侧有一排房,是郭沫若存放手稿和藏书之所。

整座故居中客厅、办公室、卧房等处的摆设和陈列与郭沫若生活在这里时一模一样。客厅里,沙发呈马蹄形排列,沙发后面

故居内的郭沫若铜像

的背景是中国著名山水大师傅抱石的巨作。在这幅丈二山水的下面,陈列了几方他所喜爱的石头。窗台上钟表的指针标示着他去世的时刻:下午4点20分。办公室跟客厅相连。在郭沫若常用的办公桌上,台历翻开在他去世的日子。他常用的助听器、茶碗还放在他手能够拿到的地方。用蝇头小楷抄录的儿子日记仍整齐地摞在桌上,那是他对去世的儿子们的纪念。毛泽东手书《西江月·井冈山》和于立群录毛泽东诗词《沁园春·雪》分别挂在两侧墙上。南窗下面对面放着两张书桌,黑电木的墨盒,北京牌的蓝黑墨水,普通的极品狼毫……郭沫若就是利用这些最平常的文具在他的晚年完成了关于《兰亭序》真伪的论辩,以及著作《李白与杜甫》《出土文物二三事》,还有他去世之后成集的《东风第一枝》和平生最后一部译作《英诗译稿》。卧室里陈列着装有百衲本《二十四史》的黑色书柜,床边摆放着他常穿的"内联升"圆口布鞋。

郭沫若故居于1988年对外开放。垂花门内郭沫若的办公室开辟为陈列室,展览由"郭沫若的文学世界""郭沫若与中国史学""郭沫若的人生历程"3部分组成。故居里还存有他遗留下来的大量手稿、书籍、文献资料以及生活用品等遗物。1992年,北京市政府命名郭沫若故居为"北京市青少年教育基地"。1994年,中国社会科学院决定将郭沫若故居更名为"郭沫若纪念馆"。

郭沫若作品

茅盾故居

茅盾像

地址：后圆恩寺胡同 13 号
保护等级：北京市文物保护单位

茅盾故居为二进四合院，占地面积 878 平方米。门内影壁上镶有邓颖超题的"茅盾故居"金字黑色大理石横匾。茅盾于 1974 年 12 月搬入此院，曾在

茅盾故居

茅盾故居前院院内像

茅盾手书

这里写下了长篇回忆录《我走过的道路》,直到1981年辞世。茅盾逝世后,故居辟为陈列馆对公众开放。

故居前院有北房三间,东西厢房各三间,倒座房六间。西厢房原是茅盾的会客室和藏书室。东厢房为饭厅,其余为家属和服务人员住房。后院有北房六间和西厢房二间,北房原是茅盾的工作室兼卧室。茅盾逝世后,前院开设了陈列室,陈列茅盾生前的实物和图片,包括手稿、作品初版本、信件、手迹和茅盾主编过的文学刊物等共400余件。后院正房室内保持原状。进门为起居室,北墙为一排书柜,书籍按其生前原样排放。书橱前为单人沙发一对。室内东侧邻窗放写字台一张。起居室东有门通往卧室,卧室内正中横放小床一张,床左侧案几上堆放着写回忆录备查的旧时期刊以及他平时收集的剪报资料和晚年阅读的书籍。卧室的衣橱、七斗柜均为原物。左侧靠墙的一个小衣柜上，安放着夫人孔德沚的黑漆镂花骨灰盒。西首北房专辟为"茅盾文库"，内收藏茅盾著作及其藏书。

在故居前院南房有一个机构在此办公，那就是中国茅盾研究会办公室。中国茅盾研究会1983年成立，叶子铭、周扬、冯牧、孔罗荪等文学界大家，曾在南房里济济一堂，共同追忆老人。

梅兰芳故居

地址：护国寺街9号
保护等级：全国重点文物保护单位

梅兰芳故居原为庆亲王府的一部分，1984年成立梅兰芳研究学会，筹建纪念馆。梅兰芳先生1961年逝世前，曾在这幽静、安适的小庭院内，度过了他生命的最后10年。

纪念馆系四合院建筑，占地716平方米，馆内安放汉白玉梅兰芳塑像，连座基高2.2米，由雕塑家刘开渠及其学生白澜生共同创作。馆内东、西、北房筑有穿廊，廊檐上有彩绘。

梅兰芳像

梅兰芳纪念馆

正院北房正中为客厅，里间为起居室，东西耳房为卧室和书房，书房的书柜里收藏大量珍贵手抄剧本，墙上悬挂张大千、齐白石、陈半丁等著名画家的作品，各项陈设均按梅兰芳生前生活原状布置。东西两边厢房原为梅兰芳子女的居室和餐厅，一边房间辟为专题展览室，另一边房间辟为活动室，作为招待贵宾和举办小型梅派艺术活动的场所。外院南屋是纪念馆的主要展室，展出大量珍贵照片和实物。后院的三间北房保持了故居原貌。会客厅内摆放着梅兰芳使用过的硬木家具及练功用的穿衣镜、鸽子哨等，西墙上挂着清代画家沈蓉圃的《同光十三绝》。客厅的里间是起居室。东耳房是卧室，西耳房是书房，西厢房辟为陈列室，主要展示梅兰芳的文化业绩。东厢房则设为录像室，再现梅兰芳的艺术风采。

梅兰芳纪念馆内

梅兰芳（1894—1961年），名澜，字畹华，原籍江苏泰州。梅兰芳是京剧"四大名旦"之首，他创立的艺术风格世称"梅派"。代表作有《宇

梅兰芳演出照

纪念馆里的四大名旦合影

宙锋》《贵妃醉酒》《霸王别姬》《洛神》《游园惊梦》等。他是把京剧传播到国外并获得国际盛誉的第一位中国艺术家。著作有《梅兰芳文集》《舞台生活四十年》，并编有《梅兰芳演出剧本选》。他的墓位于海淀区万花山。

程砚秋故居

程砚秋像

地址：西四北三条39号

保护等级：北京市文物保护单位

程砚秋故居是一座坐南朝北的两进院落，占地面积约390平方米。一进大门迎面是影壁，前后两院由月亮门（西侧）和垂花门相连。前院北房四间，是程砚秋生

程砚秋故居内景

前的会客厅和书房,命名为"御霜簃"。另有倒座四间半,西厢房三间。后院有北房三间,东里间为程氏夫妇卧室,室内陈设基本保持原状,还有东西厢房各三间,周围有抄手游廊相连。院中央是个大天井,左右辟有花坛。此外,还有一个东小跨院,其中有房数间,饭厅就在这里。程砚秋在世的54年中,曾迁居多次,1937年迁入此院居住直至逝世。

程砚秋(1904—1958年),原名艳秋,北京人。著名京剧表演艺术家,"四大名旦"之一。初习武生,后改习青衣,根据京剧传统艺术并经王瑶卿先生指点和自身的嗓音特点,形成了自己

程砚秋故居大门

的独特艺术风格,世称"程派"。1949年后历任中国戏曲研究院副院长、中国戏剧家协会常务理事等职。

宋庆龄故居

宋庆龄像

地址:后海北沿46号

保护等级:全国重点文物保护单位

宋庆龄故居始建于清康熙年间,为大学士明珠的府邸花园,乾隆年间为和珅别院,嘉庆年间为成亲王永瑆王府花园,后为光绪父亲醇亲王奕譞府邸花园,清末成为末代皇帝溥仪的父亲醇亲王载沣的王府花园,即摄政王府花园。新中国成立前夕,这里已经荒芜凋敝。后周恩来总理受党和政府委托,筹建宋庆龄同志在北京的住宅,于1961年将这座王府花园整饬,并在原有建筑迤西接建了一座两层小楼,筑成了一座优雅安适的庭院。1963年至1981年,宋庆龄在此生活工作了18年,直至逝世。

故居占地面积2万多平方米,建筑面积约5000平方米。主楼建于1962年,是一座中西合璧的两层楼房,外观仿古,与院

宋庆龄故居

内景致和谐。庭院当中,可见清碧的湖水将主楼和草坪紧紧环抱,后湖畔有一鸽子房。宋庆龄喜爱鸽子,常在工作之余亲自给它们喂食。院落建筑分前厅"濠梁乐趣",后厅"畅襟斋",东厢"观花室",西厢与新建主楼相连。园内引自什刹海活水绕园而行,湖面上建有长廊、恩波亭。故居既保留着王府花园的布局和风格,又融入西方别墅的特点,是一处中西合璧的园林。园内有上百年的西府海棠、200年的老石榴桩景和500年的凤凰国槐

宋庆龄故居瑰宝亭旧景

等古树名木。明珠之子、清代第一词人纳兰性德曾在此吟诗填词,园中现留有其亲手种植的两棵古树。院中亦有宋庆龄养护过的西山松、盆栽石榴和龙眼葡萄等各种南北方名花佳卉,她最喜爱的观赏鸽更给庭园增添了和平的气氛。

宋庆龄(1893—1981年)从青年时追随孙中山先生投身革命,直到生命的最后时刻。在几十年的革命生涯中,以她崇高的威望,为中国人民的革命建设事业团结了不少国际友人。她不仅是新中

故居院内

国的缔造者之一,而且也是建设新中国的卓越领导人之一。她为发展妇女儿童的文教福利事业,倾注了大量心血。故居内长期设有"宋庆龄生平展"和"宋庆龄生活原状陈列",展示宋庆龄生活、工作的环境,现有文物两万余件,主要有宋庆龄的手迹、照片等文献资料以及个人藏品。

王树常故居

地址：地安门东大街福祥胡同 11 号

王树常像

王树常（1885—1960 年），字庭午，生于辽宁省沈阳市，1932 年任平津卫戍司令，后任军委会北平分会委员；在此期间，赞同中国共产党关于停止内战、一致抗日的主张，同情学生抗日救亡的爱国运动，曾释放过一些被捕的爱国学生和中共地下党员。1933 年热河抗战时，曾为张学良策划运筹。张学良下野出国后，王树常兼任北平戒严司令。1935 年 8 月改任国民政府军事参议院副院长。1936 年 12 月"西安事变"后，南京国民政府拟派王树常到西安，以东北军元老的身份接替张学良的职务，整编东北军，以瓦解东

王树常故居标牌

王树常故居院内

北军上层。王树常严正拒绝了这一安排。1937年1月被任命为甘肃绥靖公署主任,仍未就任。2月,王树常与莫德惠等赴奉化溪口面见被蒋介石扣押的张学良。4月被任命为豫皖绥靖公署主任,未就职;6月加上将衔。抗战爆发后,辞去军事参议院副院长职务,闲居香港、北平。北平解放前夕,蒋介石曾给王树常送去飞机票,要王氏夫妇去南京,王树常则借口年老体弱,家小众多,拒绝随国民党南逃而留居北平。后来他为北平和平解放积极奔走,从中斡旋。北平解放后,周总理对王树常给予亲切关怀。新中国成立后,王树常积极参加新中国的革命和建设工作。他曾出任水电部参事室参事,第二、第三届全国政协委员,民革中央团结委员。王树常于1960年因病在北京逝世,终年75岁。故居现由其后人居住。

张伯驹、潘素故居纪念馆

地址：地安门西大街后海南沿 26 号

张伯驹、潘素故居坐南朝北，分东西两个跨院。东院山石环抱，南北四间房，西院北房五间，其中东间为卧室，西间为客房，居中三间是客厅兼画室，故居南侧有一廊房。

张伯驹（1898—1982 年），河南项城人，民国四公子之一。他是集收藏鉴赏家、书画家、诗词学家、京剧艺术研究家于一身的文化奇人，著有《丛碧词》《红毹纪梦诗注》等书。曾任故宫博物院专门委员，北平市美术分会理事长，国家文物局鉴定委员会委员，第一届北京市政协委员，吉林省博物馆副研究员、副馆长，中央文史馆馆员等职。

张伯驹、潘素夫妇

潘素（1915—1992 年），张伯驹的夫人。早年习花鸟，中年转攻山水，晚年擅金碧青绿山水及雪景山水。民国时期曾任北平美术分会理事，新中国成立后任北京中国画研究会理事、吉林艺术学院教授、第六、第七届全国政协委员、民革中央委员等职。

张伯驹和夫人潘素于1956年入住此院，先后在小院内创建了琴学传习社、全国最早的词社——庚寅词社、北京书法研究社、京剧基本研究社、中山书画社等。夫妇二人在这里，向北京故宫博物院、吉林省博物馆等单位捐出了陆机《平复帖》、展子虔《游春图》、杜牧《张好好诗》以及黄庭坚书法等百余件顶级

张伯驹、潘素故居前院

书画。又与章士钊、叶恭绰联署上书周总理，倡议成立韵文学会，以弘扬中华诗词曲赋。居住期间，张伯驹将家中所作之词，集为《雾中词》。赋《莺啼序》一阕，贺毛主席八十大寿。并回忆自7岁以来所观乱弹昆曲和其他地方戏，并戏曲之逸闻故事，写七绝177首，更补注绝句22首，名《红毹纪梦诗注》。周总理与毛主席相继去世后，张伯驹分别为其撰写挽联。潘素先后在家中创作了《万里江山图》等佳作。

2011年6月19日,张伯驹潘素纪念馆正式揭牌,之后对故居进行了整体维护修缮、故貌还原,再现出张伯驹及夫人潘素在世景象,弘扬其夫妇的大儒景行、高道善行、爱国至诚的精神。

孑民堂

蔡元培像

地址:北河沿大街83号
保护等级:北京市文物保护单位

孑民堂原为清乾隆朝大学士傅恒宅邸。清末,裔孙松椿承袭公爵,该府即称为"松公府"。民国初,此宅归并北京大学。1947年,北京大学为纪念蔡元培,将此宅西部中间一院改成"孑民纪念堂"(子民为蔡元培的号)。孑民堂是一座典型的清代北京四合院,坐北朝南,两进四合院,南有垂花门,门内为前院,有正殿五间,带月台,殿为灰筒瓦箍头脊,室内为井口天花。另有东西配殿各五间。后院为七间后堂,东西各有配廊五间,带坐凳栏杆,两边廊中各有屏门四扇。

蔡元培(1868—1940年),号孑民,浙江绍兴人,清光绪年间的进士、翰林。辛亥革命后,任教育总长,自1916年起,任北京大学校长。他力倡教育改革，主张兼容并包。会聚了陈独秀、胡适、李大钊、鲁迅、马寅初、沈尹默、钱玄同等一大批学者名流云集北大，校风为之焕然一新。北大后来能成为"五四运动"的策源地，与他的改革有很大关系。1940年3月病逝。他一生低调，把自己比作水塘中不起眼的孑孓，号称孑民。1947年，北京大学师生将1935年以前的北京大学旧图书馆特辟为"孑民纪念堂"，以纪念蔡元培先生。

1955年，为修建中宣部办公大楼，拆掉了孑民纪念堂垂花门前面的大部分建筑，只保留了西跨院。西跨院先是由文化部党组书记、副部长钱俊瑞家居住，后为中宣部副部长姚溱家居住。1957年中宣部办公大楼建好后，孑民纪念堂垂花门内的大厅被改造成中宣部部长办公会议厅，当年中宣部许多决策就是在这里制定的。后院的房间被打通，装上彩色壁灯，架上电影机，作为放映室，在这里放电影、开舞会和节日期间开展娱乐活动。

孑民堂

1958年9月,中国第一家电视台——北京电视台(今中央电视台)正式播出节目不久,这里就摆放了一台苏联生产的"旗帜"牌14英寸黑白电子管电视机,每天晚上座无虚席。1962年教育楼改造投入使用后,子民纪念堂和放映室经过重新装修,成为副部长周扬居住地。子民纪念堂现为文化部办公区。

文煜宅

地址:地安门东大街帽儿胡同7号、9号、11号、13号
保护等级:全国重点文物保护单位(可园)

文煜宅是一处由5座院落并联而成的大宅第,占地面积共11000平方米,规模广阔,布局谨严,山池亭榭俱全,在现存的私家宅院中非常少见。宅园共有5座院落,其中7号占两座,破坏最为严重,9号即著名的可园,11号和13号为狭长的大型四合院,彼此相连,

可园

共同构成了这座宽敞的显宦豪宅。

11号住宅为一座典型的四合院,共有五进院落,大门对面胡同之南原有大照壁,今已不存。大门经过重新整修,装饰一新,门前有上马石。第一进院落扁长,入门正对一座砖砌影壁,南有倒座房七间;北面为垂花门,门前一对石狮,可惜头部残缺;垂花门为一殿一卷式,雕饰精美,至今仍保持原样。从垂花门进第二进院落,院落接近正方形,有三间正房带耳房及东西厢房。东西耳房之侧通第三进院落,东侧墙上另开屏门通东部的可园。三进院也有三间正房带耳房及东西厢房,并环以游廊。第四进院落的正厢房与二、三进类似,原有的游廊已残毁大半。第五进院落有后罩房九间。13号院也是五进院落的大四合院,布局与11号

可园院内

院相似。大门已毁，两侧尚存五间倒座房。垂花门及两侧游廊也已被拆，在原址上另建了一座简陋的锅炉房。第一进院落有三间正房带耳房及东西厢房。第三进院落有五间正房带耳房及东西厢房，但东厢房除前廊外，进深不足一米，实际上是一座外檐齐备的假屋，其正中四扇屏门开启可通11号院。第四进院落较大，并向西扩展，两边并不严守对称。北为正房三间，东连顺山房三间；西厢房位置现存一榭，前出一卷单间悬山抱厦，与东厢房相对；整个院落的游廊基本保存完好，并有一株枣树和三株桧柏，均为百年以上的古树。此院原来是后花园，池山竹树俱全，西厢房实为池上居，其中古树尤为珍贵，山石上还建有一座小亭，可惜今天亭、山、池均已无存。北廊偏西为井院，今水井已无，尚存两间小房。第五进院落有后罩房十余间。

根据可园中文煜之侄志和所撰的园记石碑，知此园落成于咸丰十一年（1861年）。园记中称，营建这座园林，"但可供游钓，备栖迟，足矣。命之曰'可'，亦窃比卫大夫'苟合苟完'之意云尔"。并称此园"拓地十方，筑室百堵，疏泉成沼，垒石为山，凡一花一木之栽培，一亭一榭之位置，皆着意经营，非复寻常"。可园南北长约97米，东西宽约26米，面积4亩左右，分为前后两院，前院中心为沼池，后院中心为假山，各自独立，通过东部的长廊贯通。前后院各有一座正厅或正房位于正中位置，面南背北，并在西厢的位置上各有一座小厅，与东部的长廊相均衡。可园建筑均用灰色筒瓦，墙面以清水砖墙为主，未刷白粉，较为质朴。厅榭等均为红柱，长廊为绿柱。梁枋上作苏式彩画，但并未满铺，

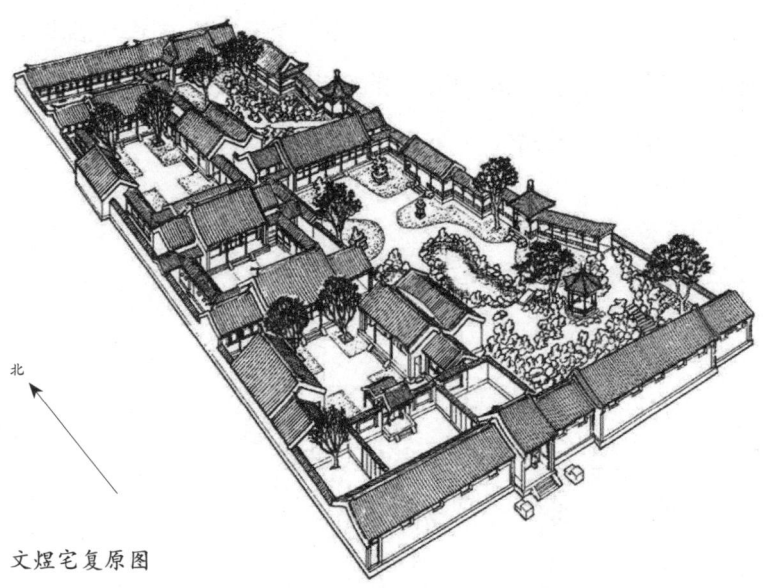

北

文煜宅复原图

仅在箍头、枋心包袱位置加以装饰。值得一提的是建筑檐下的吊挂楣子均为木雕，细致繁复，各不相同，主题有松、竹、梅、荷花、葫芦等，比寻常的步步锦图案显得精美清雅。全园存在着明显的中轴线和正厢观念，布局疏朗有致，建筑精巧大方，山石玲珑，水池曲折，且有多株珍贵的松、槐、桑等古树，整体至今保存尚好，是晚清北京私家园林的富有代表性的作品。

　　文煜是清满洲正蓝旗人，历任刑部侍郎、直隶霸昌道、四川按察使、江宁布政使、江苏布政使、直隶布政使、山东巡抚、直隶总督等要职，后曾一度被免职，同治三年（1864年）被重新起用，历任福州将军、刑部尚书、总管内务府大臣，光绪七年（1881年）授协办大学士，光绪十年（1884年）复拜武英殿大学士，不久病故，身后赠太子少保，谥号"文达"。文煜身后，此宅被其后人售予北洋政府要人冯国璋，日伪时期又归伪军司令张兰峰。中华人民共和国成立后此宅被分隔作不同单位的宿舍，其中9号、11号院还曾一度用作朝鲜驻华使馆。

婉容旧居

地址：地安门东大街帽儿胡同35号、37号
保护等级：北京市文物保护单位

婉容旧居原为清末代皇帝溥仪之皇后郭布罗·婉容婚前的住所，是婉容之曾祖父郭布罗·长顺所建。此处原来只是较普通的住宅，婉容被册封为"皇后"后，其父封为三等承恩公，该宅升格为承恩公府，作为皇后潜邸，加以扩建。婉容婚前16年与其父荣源、母恒馨及兄、弟等同住此宅，西路正房即为婉容所居。她大婚时，就是从该宅迎出经地安门进皇宫，当时京城许多人都出来看热闹，后门桥一带的

花厅

故居内景

溥仪与婉容像

酒楼都被人占满了。

婉容旧居是由东西两路组成，其中西路为居住区，由四进院落组成，东路为一小型私家园林，有三进院落，两路原共用东侧宣统年间改建而成的三间大门。改建后的府门面阔三间，筒瓦过垄脊，中间开门，左右两次间为槛墙隔扇窗形式。进入西路院子。南倒座房七间，北为一殿一卷垂花门，带抄手游廊，围合而成第二进院落。游廊东边有屏门通往花园，西边有屏门通往后院夹道，院子北侧为带东西耳房的三间穿堂房。再后为第三进院，即正房院，院内正房五间，前后出廊，左右各带一间耳房，东西配房各三间均带前廊。西院建筑均为硬山合瓦顶，清水脊，系北京官宦民居一般做法。进大门后过第一进院子西北侧的月亮门，便为东路院落。月亮门内是第二进园林式院子。院内建筑面阔三间，双卷勾连搭，前

花厅内玻璃墙

院内假山

出廊，合瓦硬山清水脊，室内亦安设碧纱橱、玻璃镜等内檐装修。此进院正房的两边各有一条游廊，从两翼向前伸出，半包围着前庭院，廊子各间内侧墙上带什锦窗，外侧有倒挂楣子和坐凳栏杆，并一直向北延伸到后院与后罩房相连。现在，原城府门已改成三间住房，而在西边原倒座房处开了两个小门，一为37号，一为35号。院中的主要建筑基本保持原状，只是东边祠堂及东路后院的山石、水池已改建成房屋了。

崇礼住宅

地址：东四六条63号、65号
保护等级：全国重点文物保护单位

崇礼住宅为建于清光绪年间的四合院建筑群。在北京东城区东四六条胡同内，原为大学士崇礼的宅第。其后虽经几度转手，但主要格局尚无大变。当时栋宇华丽，仅逊于王府，号称"东城

崇礼住宅

崇礼住宅大门

之冠"。宅院坐北朝南，建筑面积5298平方米。分东、西、中三路。临街开有三门：东门、中门和西门。中门为花园门，已封闭。东路及花园原为崇礼居所，西路先后为崇礼弟兄和崇礼之侄存恒所居。

东路（今63号院）现有三进院落，合瓦清水脊广亮大门一间，开在东南角巽位上，东边倒座房一间，西边八间。第一进院有正房九间，明间为过道门。进门后由对面的两卷垂花门和廊庑组成第二进院。进垂花门即为内宅，由正房、厢房组成一座规整的四合院：正房三间，大式硬山合瓦卷棚顶箍头脊，带排山勾滴，东西各带耳房两间；东西厢房各三间，硬山合瓦箍头脊，南面各带耳房一间，正房、厢房和垂花门之间，都有抄手游廊相连接。此院北面原为花园。中路前半部原为花园，有水池和水座。水座北

崇礼住宅院内旧貌

边是五间大戏楼，大式硬山合瓦卷棚顶篮头脊，带排山勾滴，东西各带耳房两间，前出合瓦悬山顶抱厦三间。戏楼之后的院落有正房五间，该院东半部是一座叠石假山，上建六柱灰筒瓦圆攒尖顶凉亭一座，小巧精致。后院有正房五间，原为祠堂，堂前现存牌坊门枕石一对。西路（今65号院）是一组四进四合院，规制小于东院，整个建筑可自成体系。大门影壁一座，院内有北房九间，应是外客厅。二进院有正房三间，东西各带耳房两间，东西厢房各三间，正房、厢房与前院的北房组成一个四合院，四隅由抄手廊相连接，此院应是内客厅。两厢房之外各自形成一个跨院。东跨院北房三间，为两卷勾连搭式，前廊后厦，室内的硬木隔扇上刻有清代书法家邓石如题写的苏东坡诗词，此房应是书斋。三进院的正门是一座两卷垂花门，院内正房五间，东西各带耳房两间，东西厢房各三间。正房、厢房和垂花门之间都有抄手游廊连接，形成一组大型四合院内宅。最后一进院落为十一间后罩房，它的西边有三间似为影堂之类的建筑。

崇礼（？—1907年），字受之，汉军正白旗人。咸丰七年（1857年）入朝为官，先后任清漪园苑丞、内务府大臣、粤海关监督、内阁学士、刑部尚书兼步军统领等职。光绪二十六年（1900年）授东阁大学士转文渊阁大学士。光绪三十三年（1907年）卒。崇礼任粤海关监督时，大事搜刮，积财无数，极有富名。回京后又大治宅邸，殿宇华丽，是官宅中除王府外的佼佼者，号称"东城之冠"。此宅建成未久，逢八国联军入侵，即为洋兵所占据。后又几度转手。1935年，二十九军军长宋哲元部下师长刘汝明投靠蒋介石，得到巨款买下这所宅院后，又重新修葺。在挖荷花池时，意外挖出了大量的金银珠宝，其价值远在房价以上。此事曾在北京轰动一时。抗日战争时期，该处又为伪新民会会长张燕卿所购。张燕卿为清末大学士张之洞之子。此宅在民国初年仍然是公认的豪华巨宅。现在除花园内部分拆除外，其主要建筑均保存较好，基本布局未变。在大多数王府都没能享受到全国重点文物保护单位的待遇时，

崇礼住宅

崇礼住宅却得到了，这是因为这座大型四合院落建筑质量很高，虽为单位宿舍占用，但保存相当完好，没有沦为大杂院，这在经历了百年沧桑巨变的北京城中，实在是难能可贵的。

田汉故居

田汉像

地址：细管胡同9号院

保护等级：东城区文物保护单位

田汉故居坐北朝南，是一座两进宅院。进入大门迎面有一座靠山影壁，现仅存小墙帽；大门西侧是四间倒座南房，与五间腰厅和东西厢房各两间构成一进院，亦称"外院"。二进院（里院）有带前廊的北房三间，北房两侧各有耳房一间；另有东西厢房各三间。院内房屋均为清水墙体和清水脊，合瓦屋面。

该院在20世纪20年代由迟氏兄弟所建，1949年售予法院。1953年，中国戏剧家协会根据周恩来总理的指示为田汉购得此宅。当时田汉与夫人安娥一家住在里院，秘书居外院，后来田汉又将老母亲从湖南接来同住。在这个小院里他完成了《白蛇传》《谢瑶环》等优秀京剧和话剧《关汉卿》等作品。1968年12月10日，

田汉故居大门

因遭受迫害,田汉冤死狱中。

田汉(1898—1968年),现代杰出的戏剧家,是现代话剧的开拓者和戏曲改革的先驱,是中国戏剧运动的奠基人。与聂耳、冼星海等人合作创作了大量歌曲,其中的《义勇军进行曲》后来成为新中国的国歌。现在此院落仍为剧协宿舍,院内主要建筑基本保持原状,只是田汉原住的北房前廊被改建。

陈垣故居

陈垣像

地址：兴华胡同13号

保护等级：西城区文物保护单位

陈垣故居是一座典型的老北京的四合院。院落坐北朝南，灰砖灰瓦。门前有四级石阶，两扇大门油漆已斑驳。门前原有一对石狮。进入大门，影壁迎面而立。前院不大，长六七米，宽十六七米。南房是套间，比较宽敞，是他会客的地方。西厢房是厨房和保姆住的地方。房子外面有两株海棠树。穿过垂花门，就进入后院。它比前院大两三倍。东西厢房各三间。东厢房是亲友来时住的客房。西厢房则是他的书库和抄书先生工作间。陈垣有4万多册藏书，大都是线装书，整齐地码在书箱上，书箱则放在书架上。北屋五间，西边是卧室和卫生间，东边是助手的工作室。正中的堂屋，是他的工作室，有时也作为会见客人的地方。室中经常轮换悬挂他珍藏的清代著名学者的墨迹，还有一块匾额高悬室中，题字者是著名的爱国人士英华(字敛之)，匾上4个大字为"励耘书屋"。

20世纪30年代至70年代，"励耘书屋"主人陈垣居住在这里。陈垣（1880—1971年），字援庵，又字圆庵，广东江门新会人，中国历史学家、教育家、国学大师。曾任辅仁大学校长、故宫博物院图书馆馆长等职。主要著述有《元西域人华化考》《校勘学释例》《史讳举例》等，另有《陈垣学术论文集》行世。现今的北京师范大学立有两座铜像，一为孔子，另一座即陈垣先生全身像。

齐白石旧居纪念馆

齐白石像

地址：雨儿胡同13号

保护等级：东城区文物保护单位

齐白石旧居纪念馆原为清代中晚期内务府一总管大臣宅子的一部分，是较完整的单体四合院。民国时，是北海公园董事会会长董叔平的宅院，时称"董家大院"，后分割出售。宅院坐北朝南，大门一间，倒座房两间。院内南、北、东、西各有三间房屋，均为硬山顶，合瓦过垄脊屋面，前出廊子。廊步明间有雀替。房子之间由转角廊相连。北房带东西耳房各三间，南房西接顺山倒座房三间。各房墀头处均有精美的砖雕图案，各廊间的走马板处有书法篆刻砖雕，北房明间木隔扇上有木刻楹联。西耳房南侧西墙

齐白石故居

上装饰砖刻"紫气东来"四字。

1955年,在周恩来总理的关怀下,文化部拨款购买并提供给齐白石居住,老人晚年在此创作了许多重要的作品。不过,由于齐白石思念在北京西城的旧居,在此住了不到半年便迁回西城区跨车胡同13号。这里便改为齐白石纪念馆。"文化大革命"期间,纪念馆撤销,改为北京画院。2011年,北京画院对这座建筑进行了修复,复原了齐白石晚

旧居内景

年的生活与创作环境。纪念馆露天庭院中央的齐白石铜像是著名雕塑家吴为山专门创作的，铜像高1.95米，铸铜工艺制作，成为纪念馆景观中的一个亮点。经过修缮的齐白石旧居纪念馆不仅恢复了古建原貌，还进一步充实了旧居的文化内涵，将北屋恢复为客厅、画室、卧室，购置旧式家

齐白石铜像

具并配以齐白石生活的照片，还原了齐白石生前居住的室内陈设旧貌。同时将东西厢房改建为齐白石生平与艺术展室，陈列齐白石画作高仿复制品、图片文字展板以及多媒体播放等，以丰富的形式展示了齐白石的创作以及其多彩的人生。

室内陈设

冰心故居

地址:中剪子巷33号

冰心像

位于张自忠路的中剪子巷33号,旧时的门牌是中剪子巷14号,在胡同西侧一条凹进去的夹道内。1913年,冰心随全家从福州迁居北京,在这个院子里住了整整16年。这16年间,冰心读完了中学和大学,并开始了文学创作,期间创作了诗集《繁星·春水》,小说集《超人》等,就连"冰心"的名字也诞生在当时的中剪子巷14号。

冰心在散文《我到了北京》中对中剪子巷这个小院是这样描述的:

"这是一个不大的门面,就像天津出版社印的老舍先生的《四世同堂》的封面画。是典型的北京中等人家的住宅……往左走过一个小小的长方形外院,从朝南的四扇门进去,是个不大的三合院,便是我们的'家'了。这个三合院,北房三间,外面有廊子,里面有带砖炕的东西两个套间。东西厢房各三间,都是两明一暗,东厢房作了客厅和父亲的书房,西厢房成了舅舅的居室和弟弟们

冰心故居大门

读书的地方。从北房廊前的东边过去,还有个很小的院子,这里有厨房和厨师傅的屋子,后面有一个蹲坑的厕所。北屋后面西边靠墙有一座极小的两层'楼',上面供的是财神,下面供的是狐仙!"如今,中剪子巷33号大致格局未变,但是大门口的影壁和儿童小乐园早已拆除。

冰心(1900—1999年),作家,原名谢婉莹,祖籍福建长乐,生于福州。诗人、作家、翻译家、社会活动家,1900年10月5日出生于福州一个海军军官家庭。1919年8月的《晨报》上,冰心发表第一篇散文《二十一日听审的感想》和第一篇小说《两个家庭》。1923年出国留学前后,开始陆续发表总名为《寄小读者》的通讯散文,成为中国儿童文学的奠基之作。1946年被东京大学聘为第一位外籍女教授,讲授"中国新文学"课程。1950年秋回国,主要从事散文和儿童文学创作,并致力国际文化交流活动。20世纪50年代以后,冰心著有散文集《归来之后》《樱花赞》《晚晴集》《我的故乡》和儿童文学集《小橘灯》《三寄小读者》等,有八卷本《冰心全集》存世。

蒋介石行辕

蒋介石像

地址:后圆恩寺胡同7号

保护等级:北京市文物保护单位

蒋介石行辕是一处中西合璧的大型四合院。此处宅园原是清代庆亲王之子载勇的府邸。据传载勇是诸兄弟中最耽于享乐的一个,为了讨京城某名妓的欢心,载勇按其意建造了这座中西合璧的住宅。不久载勇在一次赌局中输掉了这座宅子。后来此宅又被一法国人购得。

抗战胜利后的1945年至1949年间,此宅院成为国民党政府总统蒋介石在北平的行辕。其间这里曾有过两次较为重大的政治军事活动。1945年12月,为争取抗战胜利的舆论优势,蒋介石以"抗战领袖"的身份来到北京慰问"北方同胞"。1948年9月,蒋介石在此处召集傅作义、卫立煌等人,进行应对"辽沈战役"

蒋介石行辕

的部署。1949年后,此宅院是中国共产党华北局所在地。20世纪五六十年代先后为南斯拉夫驻华大使馆、"中国人民对外友好协会"会址。

宅院分三路,中路是一座西式洋楼,楼前有一水池,水池有喷泉,假山堆叠,还有从圆明园移来的刻石点缀其间。池子东南方向是一座西式圆亭。西路是一座二进四合院,东路花园区庭院开阔,花厅敞轩、凉亭游廊,十分精致。近年来,此院又新建了一些仿古建筑和日式餐厅。

行辕内景

毛泽东在北京居住过的地方

新中国成立前，毛泽东曾3次来到北京，住过几处地方，在平安大街附近的有以下两处。

一是豆腐池胡同9号：现鼓楼后豆腐池胡同15号。这里曾是毛泽东的伦理教师杨昌济先生在北京时的住宅。宅子是一座两进院的小型民居建筑。坐北朝南，南北长约30米，宽12米。大门在院子东南侧，前院有南北房各三间，后院有北房四间，为硬山合瓦屋顶。前后院有隔墙，中开四扇屏门。靠东墙有一株枣树。当时大门上曾挂有"板仓杨寓"的铜制匾。1918年8月，毛泽东和一批留法勤工俭学的湖南籍青年来到北京，与蔡和森客居在此宅南房靠大门的单间里。为了便于开展活动，不久后迁居。此院现被公布为东城区文物保护单位。

二是三眼井吉安所夹道7号：现景山东街吉安所左巷8号。这里是一所普通的居民宅院。原有北房三间，东西耳房各一间，东房两间。现加盖了南平顶房四间。1918年9月，毛泽东以肖子升的名义租下了这里的一间北房。在此居住的那段时间里，毛泽东在北京大学图书馆工作，同时在北大做旁听生，直到1919年3月离京去上海。目前此处基本保留原状，当年房东后代仍居于此。1979年公布为北京市文物保护单位。

吉安所左巷8号院大门

刘少奇在北京居住过的地方

20世纪30年代中期,刘少奇在任中共中央代表、中共北方局书记期间,率中共北方局机关由天津迁入北平后,曾住过两处地方,一处即平安大街以南原砖塔胡同内四眼井胡同10号,即现在的西四四眼井胡同2号。这里原本是刘少奇秘书林枫和译电员郭明秋的家,1937年2月下旬,刘少奇搬至此处,3月即搬出。小四合院现基本保持原状,为西城区文物保护单位。

寺庙、祠堂

平安大街上的寺庙、道观和祠堂历史上究竟有多少，估计现在谁也说不清。目前可知的宗教建筑多为明清两代所建，如贤良祠、僧格林沁祠等。因为种种原因，它们中的许多已经在历史的长河中荡然无存，给我们留下了诸多的遗憾和无奈。

北京城历史上寺庙众多，在全国堪称首屈一指。根据清乾隆年间绘制的《京城全图》中的标识，当时京城内外共有寺庙1207处，差不多每条主要街道和胡同中都会有一两处寺庙。到了1928年，新成立的北平特别市举行了一次寺庙普查登记活动，共登记寺庙1631所，当时的登记范围还不含今北京市各郊县，足见北京寺庙数量之巨。

作为连接京城中心地带的平安大街，历史上曾有过多少寺庙、道观、祠堂，已难以说清。目前已知的平安大街上的宗教建筑绝大多数为明清两代所建。可证实的最早的寺庙，是位于地安门大街的火神庙，初建于唐代贞观年间。根据史料记载，这座敕建火神庙规模宏大，仅殿宇就有82间，神像105尊，可见当年的宏伟。直到民国时期，这座火神庙依然还在。位于平安里大街北侧的翊教寺则建于宋代。到了清代时，统治者推崇藏传佛教，因此在原有明代遗留下来的寺庙基础上，北京城兴建了不少藏传佛教寺庙，嵩祝寺、智珠寺、福祥寺、旃檀寺即属于藏传佛教寺院。围绕今东四十条南新仓一带的皇家粮仓地区，还曾建有仓神庙、娘娘庙等寺庙。此外，平安大街上还有贤良祠、僧格林沁祠、褒忠祠等祠堂建筑，均为清代统治者为有功于国家的王公大臣所建的专祠。

火德真君庙

俗称火神庙,位于地安门外大街 77 号,前海东沿,是北京市文物保护单位。该庙最初建于贞观年间,为道教正一派著名道观。明万历年间在元代庙址上改建而成。清顺治、乾隆年间都曾重修。现存建筑为明代形制和布局。庙坐北朝南,山门向东。山门内外各有一座牌楼,山门外有旗杆,内有钟鼓楼。前殿为灵官之殿。中殿面阔三间。后殿为两层。东西配楼两层。殿后原有亭,可望什刹海,现已无存。前、中殿现为民居,后殿、后楼由某学院使用。2010 年 12 月,修缮后的火德真君庙正式对外开放。

火德真君庙

翊教寺

翊教寺是位于原育教胡同（现已并入平安里西大街）路北的一座汉传佛教寺院，现已无存。育教胡同原名"翊教寺胡同""翊教寺街"，因寺而得名。该胡同位于育幼胡同和赵登禹路之间，为东西走向。兴建平安大街时，胡同消失，原址现为平安里西大街路北。

根据《日下旧闻考》记载，翊教寺创建于宋朝，明朝成化八年（1472年）、嘉靖三十一年（1552年）、万历五年（1577年）重修扩建，形成了自山门至后殿共五进院落。该寺西侧曾有普安寺。民国时期，翊教寺是潭柘寺、西山八大处第六处香界寺的下院（即下属庙宇），对外办理停灵暂厝、丧葬等佛事，以"观灯（传灯）焰口"（即地藏十王宝灯仪）而著称。"传灯焰口"是在施放瑜伽焰口前，举办一场供养十殿阎君的佛事，通常以两根老弦，一头拴在焰口座上，一头拴在灵堂之前，用两个"灯人"手托灯盘，灯盘内点灯花或者放"香、花、灯、涂（水）、果、茶、食、宝、珠、衣"这"十供养"，穿行在老弦之上，上下来回传送，如同京剧演员的"出相入相"。1938年12月，吴佩孚去世后的"首七"之日，当时翊教寺住持释茂林率众僧祈建一坛49位高僧参加、7位金刚上师主法的"毗卢座"焰口。民国十五年（1926年），翊教寺创办了私立翊教女子中学。1931年翊教女子中学迁至西单北堂子胡同。

新中国成立初期，翊教寺曾被妇联生产组占用。后在该寺建立医疗设备厂，殿宇及佛像遭拆除。现寺已无存。

旃檀寺

旃檀寺位于地安门西大街旃檀寺西大街（1965年改名为爱民巷），离北海后门仅一站地之遥。

旃檀寺原名弘仁寺，是康熙五年（1666年）在明朝的清馥殿旧基上改建而成的。据文献记载，清馥殿之前，这里曾是元明两代的皇家动物园，以养虎、豹为主，因此称为"虎城"。20世纪50年代这里仍遗有"虎城"的地名。虎城仅供皇家玩乐，不

旃檀寺(原名弘仁寺)旧貌

对平民开放。明嘉靖十一年（1532年），将虎城稍南的位置改建为"清馥殿"。康熙五年（1666年）又改建为藏传佛教的弘仁寺。在修建过程中，将北京城西南鹫峰寺里的旃檀佛像移至寺内供养，故而人们又称这里为旃檀寺，藏语意为"大悲寺"。

旃檀这种树种古老神秘而又稀少，香味醇和，其色近于沉碧，被誉为"香料之王"。根据

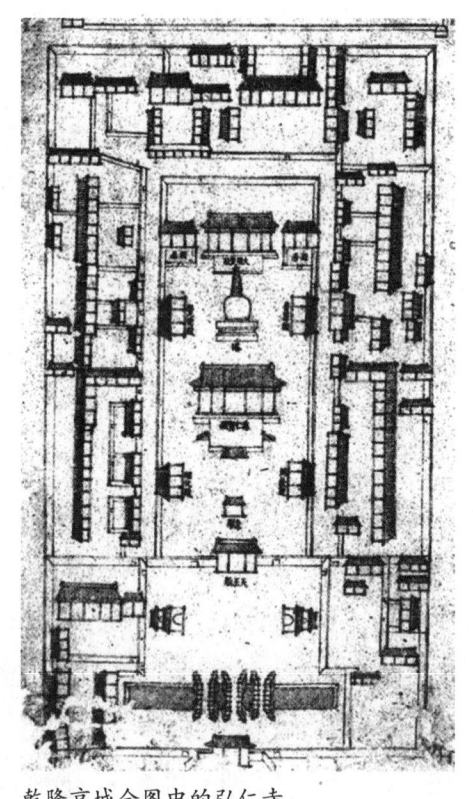

乾隆京城全图中的弘仁寺

史料记载，旃檀寺的这尊旃檀佛像在印度就已经有1200余年的历史，后由龟兹（今新疆库车）传入中国，再辗转传入北京，曾先后在北京的白塔寺、庆寿寺、卧佛寺等寺供奉。至此塑像已经有2700余年的历史，确实是一件极为珍贵的佛教文物。根据《金鳌退食笔记》记载："旃檀佛扣之声铿訇若金石，入水不濡，轻如髹漆。晨昏寒暑，其色不一。"

旃檀寺坐北朝南，规模宏大。山门东西两旁各有一栋木牌楼，寺前有一座戏楼，坐南朝北。从山门往北依次为3座石桥、天王殿、

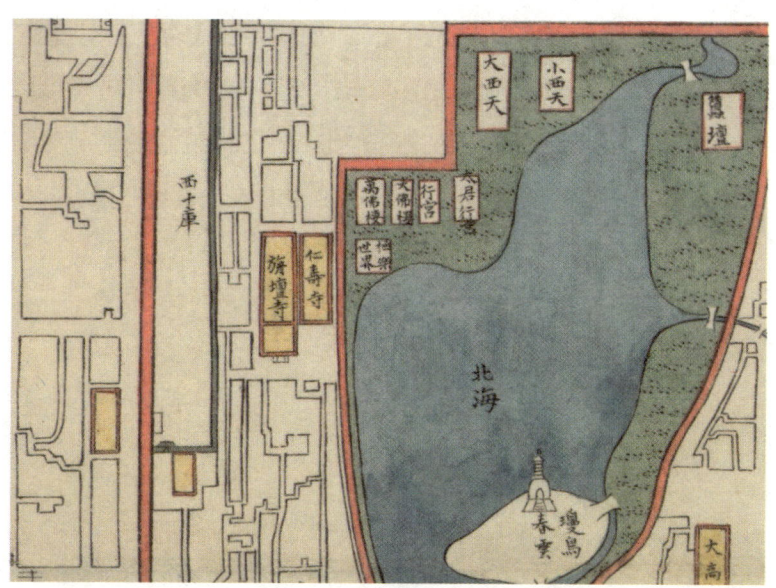

清皇城西侧旃檀寺位置示意图

钟鼓楼、慈仁宝殿、大宝殿。在慈仁宝殿与大宝殿之间还有一座藏式佛塔，塔前有石碑。弘仁寺是藏传的喇嘛庙，佛事活动频繁。每年旧历正月初三日祈建驱邪除祟的"善愿日"大法会，举行"跳布扎"（打鬼）活动，成为新年期间的一大盛事。

光绪二十六年（1900年），旃檀寺毁于八国联军之手，成为

1900年弘仁寺焚毁后

弘仁寺废墟

废墟，旃檀佛像也不知去向。清末，旃檀寺址成为禁卫军营地，民国后又作为模范团驻地。1923年，冯玉祥进京就任驻军检阅使的时候，检阅使衙门就设在旃檀寺旧址。著名的抗日将领张自忠当时任冯玉祥的部下，他带领一家人就住在旃檀寺旧址。新中国成立后旃檀寺旧址成为军队单位的驻地。

福祥寺

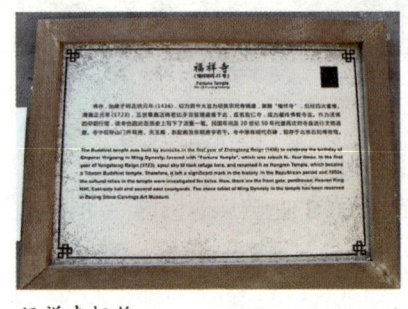

福祥寺标牌

位于地安门东大街南锣鼓巷福祥胡同25号，福祥胡同就是因福祥寺而得名。福祥寺建于明正统元年（1436年），是一位武姓太监为英宗祝寿舍宅而修成，赐匾额为"福祥寺"。雍正二年（1724年）平定青海后，锡呼图克图使节来朝，购得此寺作为驻京行馆，改为喇嘛庙，更名宏仁寺。新中国成立初期尚存寺门及山门、天王殿、东配殿及东跨院南北房。目前尚存的建筑有山门及东西耳房，天王殿及殿后东配殿，东跨院南北各三间房，均破损严重。一通石碑已迁至五塔寺保存，另一通砌在民房的墙内。

贤良祠

贤良祠碑亭

贤良祠旧景

地安门西大街东官房边上，有一处贤良祠。虽然现在挂着同仁堂的匾，成为其经营之地，似乎无人能识得其真面目，但在历史上，这座建筑群却是极有名气。

说起这座贤良祠的渊源，还得追溯到清朝雍正帝当政时。雍正八年（1730年），为标榜忠义、巩固政权，雍正皇帝特别颁旨，"著于京城内白马关帝庙之旁，选择吉地，特建庙宇，祀王公大臣之有功国家者，命名贤良祠，春秋致祭。"

贤良祠坐北朝南，面积约740平方米。大门三间，中轴线上依次为碑亭，左右各一，为六角攒尖亭，内立清世宗宪皇帝御制贤良祠碑。仪门三间，门前两尊石狮，仪门左右又各辟一侧门。正殿三间出轩，东西庑各三间，后屋五间，东西配房各三间。祠内立有雍正帝御制贤良祠碑，御书"崇忠念旧"。最初，此处祀王、公、侯、大学士、尚书、左都御史、都统、将军、总督、巡抚、副都统共78人，陆续又增加21人，共祀99人。这里曾祭祀过包括怡亲王允祥、恭亲王奕䜣以及范文程、刘统勋、刘墉、福康安、鄂尔泰、桂良等人。能够在此入祭，"生前忠于朝廷勤劳王事，逝后入祀贤良流芳百代"，自然是莫大的荣耀。事实上即使按当时的历史背景，入祀中的人有些可相对称为贤良，有些则未必。

容易弄混的是，北京还有一座贤良寺——怡亲王允祥死后，其王府改建为寺，为贤良寺。乾隆二十年（1755年），移建附近

贤良祠今貌

贤良祠文保标牌

的冰渣胡同（今冰盏胡同）。

随着清王朝的覆灭，贤良祠渐难逃荒废。现在，整修后的这里已是同仁堂百年老店的经营之地。

贤良祠入祀人物如下：

雍正朝：佥议怡贤亲王允祥宜居首。大学士图海、赖塔、张英，尚书顾八代、马尔汉、赵申乔，河道总督靳辅、齐苏勒，总督杨宗仁，巡抚陈瑸。大学士范文程、巴克什达海、阿兰泰、李之芳、吴琠、张玉书、李光地、富宁安、张鹏翮、宁完我、魏裔介、额色黑、王熙，领侍卫内大臣福善、费扬古、尹德，尚书励杜讷、徐潮、姚文然、魏象枢、汤斌，提督张勇、王进宝、孙思克、施琅，总督赵良栋、于成龙、傅腊塔、孟乔芳、李国英，都统冯国相、李国翰、根特，统领莽依图，将军阿尔纳、爱星阿、佛尼埒，副都统褚库巴图鲁。大学士田从典、高其位。

乾隆朝：尚书衔兼祭酒杨名时，大学士朱轼，内大臣哈世屯，尚书米思翰。总督李卫。尚书徐元梦，巡抚徐士林。超勇亲王策凌，列怡贤亲王左次龛。大学士马齐、伊桑阿、福敏、黄廷桂、蒋溥、史贻直、梁诗正、来保、傅恒、尹继善、陈宏谋、刘纶、刘统勋、舒赫德、高晋、英廉、徐本、高斌，协办大学士兆惠，左都御史拉布敦，尚书汪由敦、李元亮、阿里衮，尚书衔钱陈群，都统傅清，将军和起、伊勒图、奎林，总督那苏图、陈大受、喀尔吉善、鹤年、吴达善、何煟、袁守侗、方观承、萨载，提督许世亨，巡抚潘思矩、鄂弼、李湖、傅弘烈。

嘉庆朝：大学士福康安、阿桂、刘墉、王杰、朱圭、戴衢亨、董诰，尚书董邦达、彭元瑞、奉宽，总督鄂辉。

道光朝：大学士富俊、曹振镛、托津、长龄、卢荫溥、文孚、王鼎，协办大学士汪廷珍、陈官俊，尚书黄钺、隆文，将军玉麟，总督杨遇春、陶澍，河道总督黎世序。

咸丰朝：大学士潘世恩、文庆、裕诚，协办大学士杜受田，侍郎杜㙒，巡抚胡林翼。

同治朝：大学士桂良、祁寯藻、官文、倭仁、曾国藩、瑞常、贾桢，大学士衔翁心存，协办大学士骆秉章，总督沈兆霖、马新贻。

光绪朝：恭忠亲王奕䜣，名臣大学士文祥、英桂、全庆、载龄、左宗棠、灵桂、宝鋆、恩承、福锟、张之万、麟书、额勒和布、李鸿章、荣禄、裕德、昆冈、崇礼、敬信，协办大学士沈桂芬、李鸿藻，将军长顺，总督沈葆桢、丁宝桢、岑毓英、曾国荃、刘坤一，提督宋庆，巡抚张曜。

宣统朝：大学士王文韶、张之洞、孙家鼐、鹿传霖，协办大学士戴鸿慈。

贤良祠撤出人物如下：

乾隆二十年（1755年）三月，爆发胡中藻案，四月，鄂尔泰的门生胡中藻被斩杀，鄂尔泰被撤出贤良祠，不准入祀。

乾隆四十六年（1781年），甘肃冒赈案发，布政使王亶望和王廷赞被处死，于敏中的牌位被撤出贤良祠。

旌勇祠

旌勇祠位于地安门西大街，紧邻旌勇里，是清乾隆三十三年（1768年）为纪念在清缅战争中自缢的云贵总督明瑞而修建的。20世纪30年代，旌勇祠曾作为纪念东北阵亡将士之昭忠祠。今大门、碑及享殿保存基本完好。是西城区文物保护单位。

祠坐北朝南，中轴线上大门三间，硬山黑琉璃筒瓦顶，左右各一门。门内正中为碑亭，内立御制建祠碑。东官房五间（已拆改）、西库房五间（已拆改）。进二门正北为享殿三间，殿前有月台，东西配殿各三间，祠内原有一燎炉。享殿祀明瑞，配殿祀都统谥昭节扎拉丰阿，护军统领观音保，总兵李全、王玉廷，后又有总兵德福入祀。

旌勇祠近貌

祠内破损的碑头

保安寺

保安寺位于地安门西大街路北旌勇里,面朝平安大街,离旌勇祠不远。保安寺始建于元至正年间,当时称为"半藏寺",又名"义利寺"。明嘉靖年间重修,并改名为保安寺。保安寺是一座私建寺庙。

保安寺所在巷名为旌勇里,据《日下旧闻考》卷四十四记载,此名是因为清乾隆三十三年(1768年)为表彰祭祀战死沙场的云贵总督将军明瑞,在西黄城根58号敕建了旌勇祠,而此后的城隍行宫很有可能是旌勇祠演化而来。

根据民国年间档案记载:"保安寺坐落于内五区地安门外西黄城根五十七号……本庙面积东西十八丈,南北十五丈五尺,

保安寺正殿屋脊

保安寺标牌　　　　　　　　　保安寺寺内石碑

殿房共五十三间……庙内法物有铜像五尊,木像十四尊,泥像三十六尊,藤像一尊,铁磬一口,铜香炉一个,锡五供一堂,铜磬一口,铁云板一块,铁鼎一座,铁钟一口,金刚经一部,功课经一部,另保安寺内石碑四座,城隍行宫内石碑两座,树两株。"

如今的保安寺民居杂处,殿堂、雕花古木、石碑等零落可见。

1989年8月1日,保安寺被西城区列为文物保护单位,2004年10月18日立起了保护铭碑。根据碑文记载,保安寺东院曾为宛平县城隍庙。

僧格林沁祠

僧格林沁祠堂,又称显忠祠。位于地安门东大街47号,是东城区文物保护单位。

祠堂坐北朝南。由仪门、享殿及配殿构成二进四合院式建筑。仪门三间，东西配房各五间。二门前有一碑亭，亭内有石碑，碑高4米余。碑阳为满文，碑阴无字，碑侧雕龙。二门一间。民国时，建为怀幼小学，后更名为进步小学，现为宽街小学。祠的主要建筑保存完好。

僧格林沁祠院内今貌

僧格林沁（1811—1865年），博尔济吉特氏，蒙古族，晚清名将，科尔沁左翼后旗人。他是道光皇帝姐姐的过继儿子，道光五年（1825年）袭科尔沁郡王爵，历任御前大臣、都统等职。咸丰、同治年间，他参与对太平天国、英法联军等战争，军功卓著。1865年5月，在山东曹州（今山东菏泽）被捻军围击，战死于山东曹州高楼寨。光绪年间为他立专祠。

僧格林沁祠今貌

文天祥祠

文天祥祠位于张自忠路迤北的府学胡同63号,明清两代为祭祀南宋抗元英雄文天祥,在当年文天祥被囚禁的兵马司狱故址上改建而成,明永乐六年(1408年)正式列入祀典。至今仍保持明代的建筑风格。现为北京市文物保护单位。

文天祥祠占地600平方米,自南而北,由大门、过厅、堂屋组成。堂屋内保留很多珍贵文物,如明《宋文丞相传》石碑、清《重修碑记》石碑及《宋文丞相国公像》碑等。祠内设有文天祥生平事迹展。室内屏风正面为毛泽东手书"人生自古谁无死,留取丹心照汗青",背面为文天祥所著的《正气歌》全文。后院尚存一株枣树,相传为文天祥被囚禁期间亲手所植。

文天祥(1236—1283年),字履善,又字宋瑞,自号文山,浮休道人。吉州庐陵(今江西吉安)人,南宋末大臣,文学家。于端宗景炎三年(1278年)在五坡岭(今广东海丰北)被元军俘获,掳至大都(今北京),关在兵马司土牢中。在被囚的4年中,他始终不屈,拒绝投

《正气歌》

文天祥祠

降,《正气歌》就是这段时间内写成的。元至元十九年(1282年)十二月,文天祥在柴市(今北京东城区府学胡同西口)英勇就义。明太祖朱元璋于洪武九年(1376年),命按察副史刘崧主持,在柴市顺天府学右侧建造了文丞相祠。当时把柴市一带也改为教忠坊,"教忠坊"石刻目前就嵌刻在祠堂正殿的西壁上。明永乐六年(1408年),朝廷把祭祀文天祥列入祀典,同时重修了祠庙。到万历年间,祠堂由府学右侧迁到了左侧,规格进一步提高。此后,嘉庆、道光和民国年间都不断对祠堂加以修缮,保存至今。

大藏龙华寺

位于后海北沿23号,是一座汉传佛教寺院。该寺始建于明代。清代道光年间曾更名为"心华寺",为拈花寺之下院,又名"小龙华寺"。清朝末年,为摄政王载沣的家庙。1949年,在此开办

大藏龙华寺

了竞业小学,后来改为后海幼儿园。现在由北京市北海幼儿园托儿部使用。该寺坐北朝南,中轴线上自南向北有山门、大殿和东西配殿。

嵩祝寺

位于景山后街,寺址原为明代内府番经厂、汉经厂遗址。据载此寺院是为章嘉胡图克图修建的,原寺在明代织染局旧址,乾隆年间移建于此,是清代专为每代转生的章嘉佛做梵修的住所。章嘉胡图克图是蒙古地区藏传佛教的转世活佛,后入京敕封为大国师,管理嵩祝寺、法海寺、广济寺及西北地区的大寺,因此嵩

嵩祝寺旧影

祝寺在京城佛寺中的名望很高。寺院坐北朝南,全部建筑分三路,主体建筑均在中路,共四进,每进由主殿、配殿、配房组成。下殿是全寺的中心。后楼位于全寺的最后,也是全寺最大的阁楼式建筑。东路建筑含寮房、配房、佛堂、经堂等。西路建筑主要是僧人居住之处。现寺体主要建筑保存完好,是北京市文物保护单位。

智珠寺

位于景山后街,原为明代内府番经厂、汉经厂旧址。清代于此辟建嵩祝、法渊、智珠3座大型寺院。每逢万寿、元旦等重大节日,都要在寺中英华殿做佛事。清中期,智珠寺还曾作为僧章嘉胡图克图在京驻锡之处。僧人出行,以锡杖自随,所以驻锡就是指僧侣长期驻留一地之意。寺院位于三大寺庙的西半部,坐北朝南,主体建筑全部集中于南北中轴线上。殿宇共有六进,钟鼓楼位于中轴线

智珠寺局部

的东西两侧,按晨钟暮鼓方式排列。后罩楼是全寺最大的阁楼式建筑。全寺规模宏大,饰绘华贵,匾额楹联均出自乾隆御笔。现主体建筑保存基本完好,是北京市文物保护单位。

大高玄殿

位于故宫神武门西北,陟山门街迤南,是唯一一座明清两代的皇家道观。初建成于明嘉靖二十一年(1542年),5年后毁于火。万历年间重修,清及民国时期都多次修缮。整组建筑占地1.3万平方米,坐北朝南,呈长方形。大门外原有习礼亭两座,亭周原有的牌坊已经于1917年拆除。为展修道路,两亭也于1956年拆除。现存古建筑自垣墙所辟仿木结构券洞式三座门,内有大高玄

大高玄殿习礼亭及牌楼旧影

门,中间是御路,门三间、通面宽16.2米。正殿为大高玄殿,七间,面阔34米,进深9.6米。殿北是九天应元雷坛,坛北是一座两层阁楼,上层圆攒尖顶,名乾元阁,下层方形名坤贞宇,很好地体现了古人天圆地方的宇宙观。

大高玄殿目前尚存建筑1600平方米,基本保持了原建筑格局。新中国成立后一直为军事用地,是北京市文物保护单位,也是全国重点文物保护单位。经国务院协调,2010年,故宫与占用单位签订了《大高玄殿移交协议书》,开始进行腾退移交工作。2014年8月13日,故宫宣布,大高玄殿正式回归紫禁城。目前大高玄殿正在进行修复工程,预计于2020年之前开始接待游客参观。

大高玄殿

遗迹、文物

平安大街横贯老北京城东西,沿线地上地下都有着丰富的文化遗存。如皇家文化的皇城根遗址,官府衙门的大兴县署、宛平县署,中轴线的最初设计点万宁桥,新文化的起源地北大红楼等,这些文物遗迹贯串元明清三代,使得平安大街成为浓缩北京几朝历史的活化石。

平安大街横贯老北京城东西，沿线地上地下都有着丰富的文化遗存。7公里长的大街两侧有多处国家级、市级文物保护单位，另有8处区级文物保护单位。地下文物中最重要的当属两座埋藏地下的古桥基址：西压桥和东不压桥，它们是研究北京城水系变迁的实物资料。北海后门一带地下还曾出土过唐代古钱币，经考证其地点为唐代古村；平安里西侧路口地下曾发现唐代墓葬；地安门西大街福寿里一带曾出土唐代墓志。贯串元明清三代的文物遗迹，使得平安大街成为浓缩北京几朝历史的活化石。

皇城根遗址 皇城北墙

皇城墙是北京城明清两朝的宫殿——紫禁城的墙垣，是固卫皇宫大内的第一道防线。明清两代共计24位皇帝曾在长达3000米的城墙围绕的皇宫内起居生活、处理朝政国事。

根据《大清会典》记载：故宫的皇城墙"广袤三千六百五十六丈五尺，高一丈八尺，下广六尺，上广五尺二寸"。《北京志·文物志》对皇城墙的形制记载较为具体："皇城……墙用明城墙砖砌筑，抹麻刀灰，涂红土，顶覆琉璃瓦，墙高6米，墙基厚2米，顶厚1.7米。"

皇城北墙位于今平安大街中段的地安门东大街、地安门西大街南侧一线。正中为地安门，总长约2460米。皇城根遗址公园

皇城根遗址公园

自平安大街起,南达东长安街,西邻南北河沿大街,东依霞光街与晨光街,全长2.4公里,平均宽度为29米。皇城墙构造为城砖砌筑,上用"冰盘檐"挑出黄琉璃瓦顶,墙身不抹灰,直接刷红色。现在天安门两侧皇城外(南)墙面为近代修缮时抹灰,内侧仍为原状。

1913年,为了交通便利,在北垣西拆出厂桥豁口,1916年在北垣东端拆出北箭亭豁口。1922年,北海被辟为公园,于皇城北垣偏西处西压桥西侧辟出北海公园后门。至1925年,皇城

皇城墙旧照

北垣全部拆除。1926年陆续拆除北垣东、西墙，仅存北海公园后门两侧小段城垣。地安门于1954年11月全部拆完，部分拆下来的建筑材料用于天坛北门的建筑。

万宁桥

万宁桥地处地安门北、海子东岸，跨玉河上游。桥始建于元代，最早名"万宁"，木结构，后改为石筑。什刹海古称海子，因此也称为海子桥。地安门旧时称后门，因而此桥也称"后门桥"。桥为单孔汉白玉石拱桥，长10余米，宽近10米。桥面用巨大的块石铺砌，中间微拱，坡度不大，以利于车马通行。桥两侧的汉白玉护栏上雕有精美的莲花宝瓶等图案。虽历经数百年风雨侵蚀和历代修缮，仍旧保留了早期桥梁的特征。《析津志辑佚》记载："万宁桥，在玄武池东，名澄清闸。至元中建，在海子东，至元后复用石修。虽更名万宁，人惟以海子桥名之。"说明万宁桥与澄清闸上下一体，建造时间与开凿通惠河同时，完工于至元三十年（1293年）。初名"海子桥"，重修时更名为"万宁桥"。

今天的万宁桥东、西两侧的南、北两岸共有6尊镇水石兽（桥东2尊、桥西4尊），其中桥东北岸石泊岸上沿的一尊具有元代石雕风格，并在石镇水兽颌下刻有"至元四年九月"字样。当为元代重修万宁桥的实物。元代，曾有两位皇帝用"至元"作为年

万宁桥今貌

号。一位是元世祖忽必烈,另一位是元顺帝妥观贴睦尔。此"至元"应为后者,至元四年就是1338年。30年后,元朝就灭亡了。这大概就是"虽更名万宁,人惟以海子桥名之"的原因。

明永乐年间营建北京城时重修了万宁桥。

北京有句谚语——"火烧潭柘寺,水淹北京城"。"火烧潭柘寺",指的是潭柘寺煮饭的锅以体量大著称,在锅的底部铸有"潭柘寺"3个字。而"水淹北京城",正是指万宁桥桥洞正中的石壁上刻有"北京城"3个字,澄清闸紧挨着桥洞西口,提闸放水便要淹没石壁上的"北京城"3个字。老北京人常说"北京在后门桥(万宁桥)底下",大概也是这个意思。

清代,改"北安门"为"地安门"。万宁桥遂更名为"地安门桥",

简称"地安桥",俗称"后门桥"。

万宁桥建在北京城最重要的地标——中轴线的北端,以其为标志划分鼓楼南大街与地安门外大街,是北京中轴线上的标志性建筑之一。此处既是北城商业、手工业的中心地带,又是元大都城内通惠河上的重要通水孔道,也是北京漕运的标志,成为研究北京古代桥梁建筑的重要实物资料。万宁桥现为北京市文物保护单位。

万宁桥地处通惠河最北端,是当时水陆交通进出要道。从运河北上的漕船经万宁桥抵达积水潭码头。《日下旧闻考》记载了万宁桥周边的繁忙景象:"金沟河上始通流,海子桥边系客舟。此去江南春水涨,拍天波浪泛清鸥。"

御河(玉河),是通惠河在北京内城东部的一段,经万宁桥东流南折,再沿皇城东墙流向丽正门(正阳门)东水关,长10里许。通惠河,开凿于元代。至元二十九年(1292年)至三十年(1293年),由都水监郭守敬主持开凿。通惠河引昌平白浮泉水,循西山山麓汇集沿途大小水流入注瓮山泊(今昆明湖),再由瓮山泊流向东南,进和义门(西直门)水关入大都城,经朝宗下闸汇入积水潭。此段为通惠河上游。

通惠河下游接漕运系统。积水潭自万宁桥下的澄清闸(亦称澄清上闸)出,过万宁桥东流至今帽儿胡同中段南折,沿今东不压桥胡同穿过今地安门东大街南流至今北河胡同东折,沿今北河胡同东流至今北河沿大街、南河沿大街,由丽正门东水关出大都城东折,一路东流至通州高丽庄入白河。全长82公里的通惠河,

镇水兽

在 40 公里通航水道上总计设有 24 座坝闸，以便放闸节水，提闸行舟，达到人工控制水流的目的。大都城内御河（玉河）段长约 4 公里，设有澄清闸、澄清中闸、澄清下闸，其中建在万宁桥下的澄清闸，是御河的第一座闸，是积水潭下游出口控制闸。据《水部备考》记载："澄清闸在鼓楼南，海子东岸，万宁桥西，至元二十九年建，名海子闸。"这是一座经历元明清三代仍一直起重要作用的水闸。元时大批船只都从这里经过，是积水潭水陆码头的咽喉要津。当时这里也是送客的地方。不仅如此，它还有灌溉作用。据《金史》记载，早在金代这里已有闸，用以灌溉附近稻田，这大概是澄清闸前身。明清时期，这里成了游览胜地。

1950 年，清挖什刹海、疏通御河时，在万宁桥下淤泥中挖出一根四方的清石桩子。长一丈，宽七八寸，在石桩子一面上刻有一只 3 寸多长的老鼠，下边刻有"北京"两个字，楷体直书，每个字约 5 寸大。据推测大概是明永乐年间修建北京城时，在此处立的子午线石桩。工程完工被扔在桥下，日久年深，石桩沉入河泥之中。

1984年，后门桥被列为北京市文物保护单位。20世纪50年代在石桥面上铺设了沥青，河道也填平建房。2000年市政府拨巨资修复了残坏严重的石桥，疏浚了河道，恢复了碧水过桥的原有面目，并恢复原桥名"万宁桥"，在桥畔刻立了石碑。

2000年，修复后的地安门桥复称"万宁桥"。

东不压桥　西压桥

在地安门东大街的路北，有一条东不压桥胡同。东不压桥就位于胡同的南口外，是一座东西向的石桥，旧址在原来地安门大街街心稍偏南的地方。明清两代的紫禁城城墙就从半边桥上越过。因为在地安门西大街北海后门稍东位置，也有一座相似的石桥，所以人们分别把它们称为东不压桥、西压桥。

东不压桥，原称"东步量（梁）桥"，始建于元代，是一座单孔石拱桥，拱高6.85米，桥长28.8米，宽7.95米。1965年桥被拆除。东不压桥胡同连同桥南的东吉祥胡同，原本都是玉河河道，是什刹海水从后门桥下进入皇城的通道。西压桥位于北海后门与什刹海前海之间，原称"西步量（梁）桥"，始建于元朝，为单孔石拱桥，拱高5.2米，桥长18.4米，宽28.25米，1970

玉河古河道

年拆除。由于明代扩建北京皇城时，皇城的北墙压在了西步量桥上，所以该桥俗称"西压桥"。当时，皇城墙也压在了东步量桥上。民国后皇城被逐步拆除，此桥上的皇城墙属于较早被拆除者，所以传成"东不压桥"。1956年，该桥下的玉河改成地下暗河，该桥也被拆除，遗迹埋于地下。

东不压桥以北有澄清中闸遗址。在2000年玉河改造工程中，考古发掘了澄清中闸遗址。如今，发掘出土的澄清中闸遗址位于玉河庵（今改为北京玉河遗址博物馆）西侧的玉河河道上。

通惠河玉河遗址

玉河,即御河,是一条历史悠久的古河,原本是元代开凿的通惠河位于"宫城"东侧的一段河道。

元代时将玉河称为通惠河。通惠河起自瓮山泊(昆明湖),汇入积水潭,过地安门,东南折经东不压桥、东板桥,沿北河沿大街南下。然后东行至通州与北运河相接。沿途设有11座闸,其中位于地安门的是澄清闸。明永乐年间改建皇城墙时,将元代萧墙东移、南城墙向南扩展,开辟自御河桥直向南的水关,入南护城河,转东注入大通桥的通惠河。泡子河即废。后又移建皇城

玉河(御河)旧影

东墙于河东,将东不压桥到御河段的河道包围在皇城内,从此船只不再入城,而是停泊在城东南大通桥处。御河从积水潭东岸的万宁桥(今地安桥)东南行经东不压桥入皇城,沿火药局南墙东流,到皇城东墙沿内侧南下,经北河沿、南河沿,过长安街,出正阳门东水馆,进入今前三门护城河,向东入通惠河。御河是由北面南穿北京城中心区的一条河道。河两侧多为朝廷各部院府和贵戚官僚宅邸。从长安街至东城墙根有3座御河桥。河两岸广植树木,垂丝水面,风景佳丽。

玉河今貌

据《明清北京城图》所绘:从什刹海来的水,经东不压桥流入皇城,向南出皇城后,不向东南流,而直向南经今正义路过中御河桥、南御河桥入南濠(前三门护城河),全长4.8公里。它是积水潭、什刹海排水的尾闾,进德胜门水关之水,可由御河排泄,是城区中部、北部的排水主干渠,最受重视,直至清代。

御河上万宁桥是北京城内最早的(建于元代)石桥。御河南流就是东不压桥。御河上曾建有一座亭桥,亭桥是桥与建筑的组合,造型别致,史书上称之为"骑河楼桥",即今骑河楼胡同的位置。

御河在北河沿中段西岸冲出一片沙滩,因而有了"沙滩后街、沙滩巷"等地名。在沙滩东南,有"银闸胡同",这里曾是元朝

桥边重建的玉河庵

御水河故道,为了调节因地势形成的水势落差,在河上设有多处水闸。据《燕京访古录》载,这里地下埋有银制水闸一座,梁长4尺8寸,宽5寸,厚3寸,柱高3尺,并镌有"银闸"二字和"大元元统癸酉秋奉旨铸银闸一座"等小字。

御河两岸还是过去北京人游玩的好地方,每到夏季炎热时,到御河边来消暑纳凉的人来往不绝。现在南河沿迤西的磁器库、缎库、灯笼库等胡同名称,便是过去漕运痕迹的遗留。

到了民国年间,由于水量日趋减少,御河

玉河故道

自南往北逐步改成暗沟。御河沿线环境日益恶劣。

新中国成立后，1951年开始全线疏浚御河。1953年修建四海下水道，御河在东不压桥外被截断，留有直径50厘米的倒虹吸管，用作什刹海放水冲刷下游河道。

2000年，为保护与北京城历史沿革密切相关的河湖水系，结合万宁桥（后门桥）保护，恢复了御河起端河道，多年破败的万宁桥恢复了昔日神采。

2009年，玉河历史文化保护工程开工。重新亮相的玉河北段水道严格按古河道走向重新修复，自万宁桥起，到东不压桥止，全长480米，平均宽18米，水深1米左右。河堤还修建了水榭、曲桥、船行栈道和4个挑台等。

玉河遗址碑

大兴县署

县署旧址位于今交道口南大兴胡同。明清两代为顺天府所属,称京县。所辖范围包括今东城区、大兴区、丰台区和朝阳区部分。县署内设有监狱、土地祠、县丞及典史署,另在采育、礼贤、黄村分设官署。县衙对面是大兴县城隍庙,现为东城区公安分局办公楼。

宛平县署

宛平县署旧址在地安门西大街东官房。明清时代这里是管理北京地方事务的宛平县署所在地。宛平之名起于金代。金中都本来由两县分治,东面大兴,西面宛平。元大都城址北移,依旧设两县分治。明清两代名称未变。大兴管东部,宛平管西部。辖区远至今门头沟斋堂一带。辛亥革命后北京实行市区分治,1928年宛平县才迁到卢沟桥畔。

东官房的宛平县署于明洪武元年(1368年)始建。万历十八年(1590年)重修,后又屡次修建。原署南向,中有节爱堂、

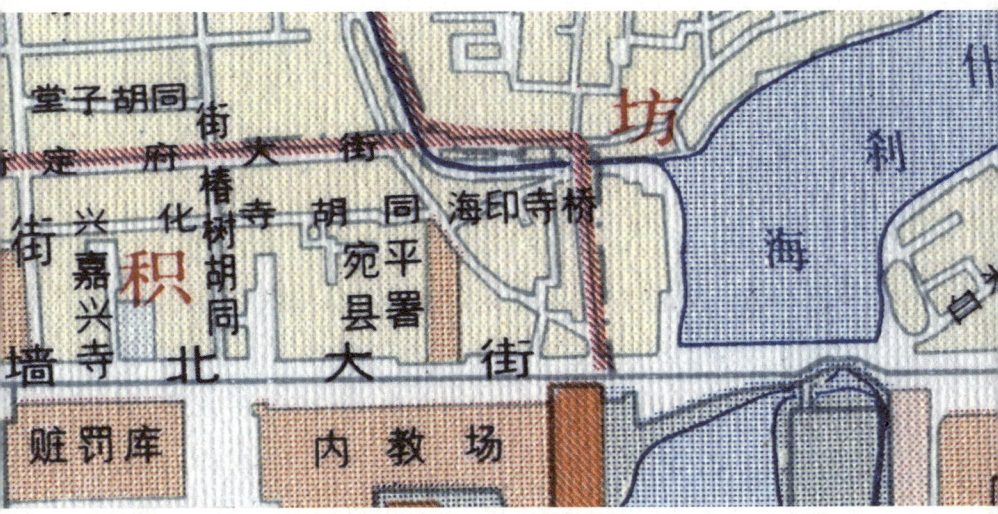

明代地图中的宛平县署位置

见日堂。东为幕厅，西为库。堂前有吏、户、礼、兵、刑、工等科房，是管理各种具体事务的分房。官廨在后面。前为露台，甬道有戒台亭，仪门前为大门，东边有土地祠，西边是监狱。署内厅堂房屋有名无实，仅是三间房舍，到清代才形成大堂、二堂、仪门、大门等六屋院落。以为工余休憩之所，唐元麾将军碑嵌于古墨斋壁上，到清代康熙年间时移置于文天祥祠内。

县署现已无存，其侧之胡同有"官房"名留存。从东官房处遗址察看，明显看得出该处地势较高，推测今日的民居是建在县署废墟之上。

顺天府衙门

顺天府衙门位于现在的东公街9号。顺天府署辖大兴县和宛平县,近京州县22个,是正三品衙门。衙署始建于元,占地20亩。顺天府署坐北朝南,原有三重大门,设有包公祠、狱神庙及监狱、把总司厅、照厅、代书处、大堂等。顺天府设府尹、府丞、治中、通判、推官等职。掌管大小政事。现在仅存署内之大堂——顺天府大堂。民国时期此处改为市立小学、幼稚园、东北中山中学及河北省铁路局。日军侵华期间此地为陆军衙门,成了关押、审讯

顺天府大堂外景

爱国者的监狱。新中国成立后这里曾为河北北京中学，现为东城教育学院。府署内除大堂外其他均已拆除，盖成楼房。大堂走廊的推出门窗等都改成了砖砌拱券式。大木结构未改，仍有明代建筑风格。目前为东城区文物保护单位。

顺天府学

位于交道口府学胡同，是明清两代的顺天府官学。明洪武初年建，名为大兴县学。永乐元年始称府学。之后不断续建或重修。明初规定，府学中的学生是从府、州、县学校的优秀学生中选出

顺天府学

顺天府学正门　　　　　　　　　　顺天府学院内

来的，并选县中有才学的人为教师，学习礼、律、射、数、书等，主要是讲明经史、尊孔崇儒，为科举考试预备。民国时府学改为十八小学、英文补习所及文丞相祠。现在原有建筑所存不多，为东城区少年宫、幼儿园、府学胡同小学和文天祥祠等占用。

宝泉局

　　宝泉局是明清两代的钱币铸造局，也负责发行。遗址位于张自忠路南面的东四四条83号。清代宝泉局下属东、西、南、北4个作厂（注：作厂俗称钱局），全部位于东城界内。东作厂在东四四条，南作厂在钱粮胡同，西作厂在北锣鼓巷千佛寺（今千福巷），北作厂在北新桥三条。

　　东作厂在乾隆《京城全图》中为一方形大空院，东南角为两进院官厅,其他场所零星布置四五座小房,与现存格局不同,应是在乾隆十五年(1750年)以后多次改建扩建,但官厅的位置仍在原处。从现在的建筑遗存来看,此处已不再是生火铸钱的工厂,可能是存放原料和钱范的仓库。

明成祖迁都北京后,在北京设置宝源局,隶属工部,明熹宗天启二年(1622年)又在京城设立宝泉局。清军入关后,顺治元年(1644年)沿袭明制,在京城分别设立宝源局(工部)和宝泉局(户部)。清康熙六十一年(1722年)规定每省只设一局,并统一将各省局的名称以"宝"字为首,次用本省一字(如浙江的称"宝浙局")。各省设立的铸局存放增减频繁,先后设立的达五六十所。至清光绪年间,仅存北京的宝源、宝泉两局,外省铸局相继停废。光绪三十一年(1905年)宝源局裁撤。宣统二年(1910年)宝泉局也被裁撤。

宝泉局自咸丰三年(1853年)五月起先铸当十大钱,八月又铸当五十大钱,十月增铸当百、当五百、当千大钱。宝泉局咸丰大钱版本较多,书体变化较复杂,币材有红铜、黄铜、铁、铅等。

宝泉局遗址现存大门三间,五檩硬山合瓦式建筑,门内为素心一字影壁。一进院大门西侧是一排十三间的倒座房,前有廊,为五檩后封护檐硬山合瓦式建筑。其北为一排七檩前后廊硬山合瓦建筑,共十三间,中为过厅。二进院北房为七檩前后廊硬山合瓦建筑,亦为十三间,中为过厅,前带三间抱厦。东西各有瓦式建筑。宝泉局东作厂其余建筑已改变原有面貌。现为某单位宿舍。

孙中山行宫

孙中山行宫大门旧景

孙中山行宫院落旧景

孙中山行宫院内

位于东城区地安门东大街23号(原铁狮子胡同)。这里起初是民国外交总长顾维钧的私宅。此宅总共为三进院落，四周有回廊环绕。西北部是花园。

1924年底，孙中山抱病来北京，客居此宅。当时住在第二进院的北房中。1925年初因病住进北京协和医院，被确诊为肝癌晚期，不日即移回此宅。1925年2月24日，孙中山于此宅口授遗嘱及《致苏联书》。3月11日召见汪精卫、戴季陶、何香凝等，并在遗嘱上签字，第二天身故。4月2日，治丧委员会决定在此宅

孙中山行宫今貌

门口悬挂"孙中山先生逝世纪念室"匾。其室为内外套间,陈设简朴。外间西墙上镶有一长方形汉白玉刻石,上刻"中华民国十四年三月十二日上午九时二十五分孙中山先生在此寿终"。刻石上悬挂孙中山遗像。右方镜框内是在此写的《总理遗嘱》,左边镜框为《致苏联书》。条案上放着《建国方略》《中山全书》等。一切均照其生前样子陈列。

1984年,孙中山行宫定为北京市文物保护单位。

盛新中学与佑贞女中遗址

盛新中学、佑贞女中位于地安门西大街教场胡同2号、4号,始建于1928年,是法国天主教仁爱遣使会下属的两所中学。现为北京四中初中部使用。存有教室楼2栋,礼堂1座,砖木结构,坐南朝北,样式相同,属欧洲折中主义建筑风格。立面三段划分,红瓦坡屋顶,红砖清水墙嵌以石料装饰。是20世纪20年代北京城内典型的教会学校建筑。2013年被公布为全国重点文物保护

盛新中学和佑贞女中现状

单位。

19世纪40年代鸦片战争以后,西方列强凭借《北京条约》加紧对中国的全面殖民。欧美国家基督教、天主教和东正教传教士也紧随列强势力进入北京,他们为传教而开始办学,从启蒙教育入手,兴办初等教育。1900年后,北京的教会学校逐渐增多。一二十年代先后办起了十几所中学,教会中学有基督教办的育英中学、贝满女中、汇文中学、慕贞女中、崇实中学、崇慈女中、崇德中学、笃志女中、萃文中学、萃贞女中以及才正、同仁两所职业学校,天主教办的毓英中学、培华女中、上义师范、盛新中学、若瑟女子师范、佑贞女子师范等校。

佑贞女子师范由法国天主教仁爱遣使会于1817年创办。清朝乾隆十七年(1752年)时,乾隆帝在西苑设教场,训练八旗军队。该教场即盛新中学与佑贞女中旧址所在地。

1949年2月北平解放,当时佑贞女中的一些进步学生组织起来保护学校,迫使修女离开了学校。1952年2月,盛新男中与佑贞女

盛新中学和佑贞女中现状

中合并，改名为和平中学。1952年9月，学校由北京市人民政府正式接管，定名为北京四十中学。1963年，该校分设为"北京市北海中学"和"北京市第四十中学"。2004年，北京四中恢复了

盛新中学和佑贞女中标牌

初中教育与北海中学合并，在原北海中学的校址（即盛新中学与佑贞女中旧址）处成立北京四中初中部。从此，盛新中学与佑贞女中旧址成为北京四中初中部的校址。

国立第一助产学校

国立第一助产学校位于交道口南大街，始建于1929年11月，同时附设了一所产院。当时临时校址在灯市口对号，因校址面积不够用，另购交道口南大街84号一个王府宅第的全部房屋以及麒麟碑胡同6号房。另在麒麟碑胡同兴建一栋三层楼房，连同原有房屋共计187间，占地面积9亩多。1931年7月迁往交道口南大街。后又购置南兵马司房屋一所，计88间，辟为第二院。学校及产院环境清幽安静，为学生及住院产妇创造了良好的学习与住院条件。

助产学校是大专性质的学校。中国以前没有助产教育，自然也没有助产教材可资参考。学校聘请有多年教学和临床经验的专家、教授来校讲课，以其讲稿汇集成册，经学校教务会议修改、补充、审订并经讲课人同意后编辑成教材。第一助产学校初创时期就得到协和医院的帮助。协和医院的林巧稚、朱章康、诸福棠、严镜清等多人担任或兼任本校讲师。助产学校每届毕业生及各项训练班学员都须去协和医院有关各科实习1~3个月。杨崇瑞与美国洛克菲勒基金会派驻协和医院的代表兰安生博士，早期在协和医院时即相识共事。在兰安生博士的协助下，助产学校的教务与医务人员中，先后有8人前往美国、英国和丹麦进修一年；有7人在国内进修一年，都由洛克菲勒基金会给予奖学金。

第一助产学校从1929年11月建校到1952年学校撤销，共23年的历史。23年中共培养本科学生32届，毕业生共450多人。办助产训练班4次，毕业学员22人；护士助产特科8个班，毕业学员50人；助产士研究班5个，毕业学员48人。此外，助产士师资训练班毕业16人，第二期因"七七事变"而停办。学校附设产院，前10年接生达33000人次，到产妇家接生为13448人次。学校的历届毕业生分布在全国各地，她们是新中国妇幼卫生事业的骨干力量。1952年，第一助产学校撤销，学校附设产院改为东四妇产医院。

京兆通俗教育馆图书部

位于地安门外鼓楼，建于民国十四年（1925年）。当时图书部设有图书阅览处、妇女阅览处等。新书参用了杜威分类法共计1235部，共3000余册。旧书按中国传统分类法。抗战爆发后，该馆曾被日军多次洗劫，多数图书图片被毁，1942年闭馆。抗战胜利后，这个馆接收了日伪部分图书，还将陈旧残破图书进行了整理、登记、编号等工作。总计藏书11283册及各种英文、日文图书。并在此馆设立了北平市第一民众教育馆，每日来阅览人数平均400人次。

为宝书局

为宝书局是中华民国时期的一座书店，位于地安门外大街156号。为宝之名取自《大学》"惟善以为宝"之意。其匾额同北京北城的金城银行、琉璃厂的商务印书馆的匾额一样，都是由郑孝胥书写的。抗日战争胜利后，由于郑孝胥曾任满洲国国务总理，为宝书局乃将匾额更换为张伯英题写的新匾额。为宝书局专门出售商务印书馆、中华书局的新版图书、科学书籍、翻译小说、中小学教科书,以及《少年杂志》《小朋友》等期刊。如今,为宝书局旧址为地安门新华书店的店址。1999年,该建筑被确定为北京市第三次文物普查项目。后列入第二批西城区文物保护单位。

1961年为宝书局匾额已改为新华书店

北京大学红楼

　　位于五四大街29号,始建于1916年,因其墙体和屋面大部分使用红砖红瓦而得名。此楼原为北京大学的学生宿舍,后改为北京大学校部、图书馆和文科教室。1920年改为北京大学第一院。"五四运动"中红楼和它北面的广场是反帝反封建爱国运动的主要活动场所。"五四运动"后,李大钊等人就是在红楼建立了北方第一个共产主义小组,从此红楼成为北方革命活动的中心。现在它是北京市文物保护单位。

　　红楼北侧的民主广场是"五四运动"以后爱国青年学生们集会、活动的重要场所之一。

国民党北京执行部机关

地址在景山织染局29号。国民党北京执行部代表国民党中央执行委员会，成立于1924年4月，负责指导京冀鲁豫等15个省区的党务工作。执行部在此工作直到1925年2月，后迁到翠花胡同。

中共北方区委党校

位于蒋养房胡同内，创办于1925年10月，是以李大钊为首的中共北方区委领导的第一个党校，罗亦农任校长，1925年底，北方区委党校在完成第一期学习培训后结束。

街巷胡同

平安大街一线历史文化保护单位众多，有西四北头条至八条、东四三条至八条、张自忠路南北地区等，可以说是老北京城街巷胡同文化的精髓所在。其中的什刹海、南锣鼓巷的胡同群更是闻名于世，吸引着无数中外游客趋之若鹜。如果说平安大街自身是一条脊梁，那周边众多的街巷胡同就好比脉络血管，供养着这条大街的精气神魄，让它焕发出生命的光辉。

平安大街由东四十条、张自忠路、地安门东大街、地安门西大街、平安里西大街5条大街组成。大街两侧至今保留着一条条整齐的胡同街巷，其中历史文化保护街区众多，有西四北头条至八条、东四三条至八条、南锣鼓巷地区、什刹海地区、张自忠路北地区、张自忠路南地区、地安门内大街等，可以说是老北京城街巷胡同文化的精髓所在。这当中的什刹海、南锣鼓巷等地区的胡同群更是闻名于世，每年吸引着无数中外游客接踵而至，感受北京胡同独有的文化魅力。这些街巷胡同中曾经生活过许多伟人英豪，发生过无数惊天地、泣鬼神的丰功伟绩，但更多的是寻常百姓家每日柴、米、油、盐、酱、醋、茶的琐碎生活，他们一起描绘出这条大街的历史画卷，凝聚成这条大街的精气神魂。如今这些古老的建筑仍然保留着古都的文化神韵，向世人诉说着历史往事。

东四十条

东四十条呈东西走向。东起东四十条立交桥西侧，西止张自忠路东端，南与朝阳门北小街、东门仓胡同、北豆芽胡同相通，并有支巷通东四九条，北与横街、东直门南小街、北弓匠营胡同相通，并有支巷通北门仓胡同、东四十一条。全长1453米，东部宽29米，西部宽18米。两侧门牌17~157号，空缺1号、3

号等10个号；2~104号，空缺4号、6号等7个号。清代属正白旗，称十条胡同（西半部）。民国沿称。1949年后称东四十条。其名称来历，系因该胡同在东四北大街东侧诸胡同中排列顺序为第十而得名。1953年修建下水道时将马路展宽，并拆除北门仓一部分，开通城外道路。1965年整顿地名时将甜水井并入。"文化大革命"中一度改称卫东路，后恢复原名。据《宸垣识略》载：正白旗护军统领署、正白旗觉罗宗学、五岳庵在十条胡同。"五岳庵，明建，羽士居之，内供玉馈五岳真形图"，今已废。东四十条是内城通往东郊的主要干道之一，交通便利。1979年东四十条立交桥建成，连通了东西南北四方，东可达工人体育馆、工人体育场、农展馆；西通张自忠路、地安门东大街，可达景山、北海。

【东门仓胡同】南北走向。北端起自东四十条，南止豆瓣胡同北端，东与椅子胡同、东门仓横胡同、南沟沿胡同相通，西邻北京军区总医院。全长460米，宽8米。明清时此处紧邻明清两代皇家官仓——南新仓，此仓建于元代，明清时扩建续用。民国三十六年（1947年）因其位于南新仓东门外，称东门仓。1949年后沿称。1965年整顿地名时改称东门仓胡同。

【东四九条】东西走向。紧邻东四十条南，东起朝阳门北小街，西止东四北大街，南与南板桥胡同相通，并有支巷通东四八条，北有支巷通东四十条。全长718米，宽7米。清代属正白旗，称九条胡同，民国沿称，1949年后称东四九条。其名称来历，系因该胡同在东四北大街东侧诸胡同中排列顺序为第九而得名。关于东四诸条系列胡同的排序，早在明代编纂的《京师五城坊巷胡同集》中,就已经出现了"思城坊、四牌楼东、头条胡同、二条胡同、三条胡同、四条胡同"的记载。到了清代乾隆年间编写的《宸垣识略》中,这些胡同名称已增至十条,并有"二等昭信伯第在东四牌楼北九条胡同"的记载。这个住在东四九条的"二等昭信伯",就是李侍尧。他是清代乾隆时期有名的贪官,多次因贪污被判极刑,最后都被乾隆皇帝赦免,继续做着大官,并且还派他处理甘肃贪污大案,可谓以毒攻毒。《清史稿》记载其人"短小精敏,过目成诵""见僚属数语即辨其才否""人皆悚惧"。"文化大革命"中东四九条胡同一度改称红日路九条,后恢复原名。据《燕都丛考》载:"九条胡同,吉公府在路北,其东有观音庵。"

【东四八条】东西走向。东起朝阳门北小街,西止东四北大街,

东四八条

南与石桥胡同、南板桥胡同相通,北有支巷通东四九条。全长717米,宽8米。明朝属南居贤坊,称正觉寺胡同,因胡同中部北侧建有正觉寺而得名。胡同内还曾有承恩寺,为明太监冯保奉敕所建,张居正曾为该寺撰写了碑文。清朝属正白旗,称八条胡同。民国沿称。1949年后改称东四八条。"文化大革命"中一度改称红日路八条,后恢复原名。其名称来历,系因该胡同在东四北大街东侧诸胡同中排列顺序为第八而得名。据《燕都丛考》载:"八条胡同有正觉寺,案:正觉寺为明正统十年(1445年)所建,有敕建碑。"据《宸垣识略》记载:"承恩寺在南居贤坊,东四牌楼北八条胡同,明万历间建。"此胡同71号院原本是清代宫中掌管帘子的王姓官吏所盖,新中国成立后为教育家叶圣陶故居。叶圣陶在此寓所创作了《叶圣陶童话选》《叶圣陶散文甲集》《叶

叶圣陶故居北房

圣陶散文乙集》等作品。1986年被公布为东城区文物保护单位。

【南板桥胡同】南北走向。北起东四九条,南止东四六条,中与东四七条、东四八条相交。全长302米,宽5米。明朝属南居贤坊,称板桥。清朝属正白旗,宣统时称板桥胡同。民国三十八年(1949年)称南板桥胡同。1949年后沿称。据传,胡

南板桥胡同

同南口曾有一座长约5米、宽2米的木板桥，故而得名。"文化大革命"中一度并入红日路六、七、八条，后恢复原名。1950年桥被拆除，修成马路。该胡同被东四八条、七条横截为3段，由南而北一段比一段宽。胡同东侧种植国槐，路旁院内的树木较多。

【东四十一条】东西走向。东起东直门南小街，西止东四北大街，南有两条支巷通东四十条，北与横街相通。全长720米，宽8米。东四十一条在明朝时属南居贤坊，东段称钞纸胡同，曾有五岳庙。清朝属正白旗，乾隆时东段称抄手胡同，西段称十一条胡同；宣统时统称十一条胡同。民国沿称。1949年后称东四十一条。"文

东四十一条

化大革命"中一度改称红日路十一条,后恢复原名。

【东四十二条】 东西走向。东起东直门南小街,西止东四北大街,南邻东四十一条,北有支巷通辛寺胡同、门楼胡同,中与横街相交。全长722米,宽7米。东四十二条,明朝属南居贤坊,称老君堂,因此地有一道观老君堂,故名。清朝属正白旗,乾隆时东段称老君堂,西段称罐儿胡同,宣统时东段称老君堂,西段称十二条胡同。民国沿称。1949年后称东四十二条。1965年整顿地名时将老君堂并入。"文化大革命"中一度改称红日路十二条,后恢复原名。

东四十二条

【北门仓胡同】东西走向。东起东直门南大街,西止东直门南小街,南有支巷通东四十条,北与北弓匠营胡同、蚂螂胡同、扁担胡同相通,并有支巷通南颂年胡同。全长654米,宽11米。北门仓胡同在明朝属南居贤坊,称旧太仓北门。清朝属正白旗,称兴平仓。民国三十六年(1947年)称北门仓。此仓建于元代,明清两代扩建续用。1949年后沿称。1965年整顿地名时将何家口、东门仓并入,改称北门仓胡同。原北门仓9号有文殊菩萨庙,建于民国二十一年(1932年)。

【仓夹道】仓夹道,东直门南大街西侧,呈南北走向。北起北新仓胡同,南止东四十条,东有3条支巷通北弓匠营胡同。全长364米,宽8米,沥青路面。仓夹道,民国称此名,因此巷西侧是两大官仓(北新仓、海运仓)的高墙,东侧为民宅,故称仓夹道。1949年后沿称。

【东直门南小街】南北走向。北起东直门内大街,南止东四十条,东与北新仓胡同、海运仓胡同、西颂年胡同、南颂年胡同、北门仓胡同相通,西与大菊胡同、东四十四条、东四十三条、门楼胡同、东四十二条、东四十一条相通。全长814米,宽12米。明朝属南居贤坊,称小街。清朝属正白旗,宣统时称东直门南小街。民国后沿称。"文化大革命"中一度改称红心向党街,后恢复原名。

【朝阳门北小街】南北走向。北端起自东四十条,南止朝阳门内大街,东与南门仓胡同、宝玉胡同、吉兆胡同、烧酒胡同相通,西与东四九条、八条、七条、六条、五条、四条、三条相通。全长1032米,宽14米,沥青路面。明朝属思诚坊,南段称小街,北段为旧太仓西门。清朝属正白旗,乾隆时沿称。此路为明清两代京粮入仓必经之路,乃元明清三朝粮仓集中地。元朝设北太仓,明朝设南太新仓、旧太仓,清朝设兴平仓、富新仓、旧太仓、南新仓。宣统时称朝阳门北小街。民国后名称沿用。据《燕都丛考》载:怡亲王新府在朝阳门内北小街,今已废。

张自忠路

张自忠路东起东四十条西端,西止地安门东大街东端,南与南剪子巷相通,全长708米,宽21米。

事实上,人们直到现在还是偶尔会叫起这条路原来的名

1990年时的张自忠路

字——铁狮子胡同。这个名字从明代起一直叫到 1946 年民国政府改成张自忠路。名曰胡同,可见其宽度。根据当年民国政府市政部门的测量,当时的铁狮子胡同宽 10 公尺,属二等街道。1999 年,张自忠路被拓宽为 28~33 米,由胡同变成了大街。

几百年来,这段仅 700 米长的路,见证过许多重要的历史时刻。

明末崇祯朝田妃的父亲田琬曾住在这条大街,其府邸门前有一对铁狮子,此街因而得名。清初历史学家谈迁在他的《北游录》中曾记载过这对铁狮子,说它们"莹洁不锈"。田琬曾在这里宴

今天的张自忠路

请山海关总兵吴三桂,并把歌姬陈圆圆赠给吴。《增旧园记》中记载:"增旧园名天春园,在安定门街东铁狮子胡同,乃康熙间靖逆侯张勇之故宅也。当明季之世,宅为田贵妃母家,名姬陈圆圆者曾歌舞于地。"后李自成起义军进攻北京时,其左膀右臂大将刘宗敏攻入北京城后即占据了这座田琬府,对明朝降官、遗臣极尽拷掠、追饷,并霸占了陈圆圆。清末时这对铁狮子已被移到胡同西口,辛亥革命后由当时京兆尹决定移到鼓楼保存。

1925年3月12日,中华民国的缔造者、中国近代民主主义革命的开拓者孙中山先生,即逝世于铁狮子胡同23号的行辕。今天,这里已被开辟为孙中山行宫,供人们瞻仰纪念。孙中山行宫最早时正是崇祯帝田妃故宅,民国初年冯玉祥在北京政变后拘禁政敌曹锟的牢房就设于此处。后来,当时的外交总长顾维钧斥资20万美金购下此处作为住宅。1924年孙中山受邀北上讨论国是便住在此处。整座宅第建筑面积1500平方米,为三进院落,四周有回廊。府门即面阔三间,北部为花园,可见其规模。孙中山当年就住在花园前的正房,这里一切都按其生前的样子陈

1925年3月12日,孙中山病逝于北京铁狮子胡同5号(今张自忠路23号)行辕

列。1984年被确定为北京市文物保护单位。

1926年3月18日,在现张自忠路3号的段祺瑞执政府门前发生了"三一八"惨案。

张自忠路5号,是著名戏剧家欧阳予倩的故居。1949年11月,欧阳予倩自香港返回大陆后举家搬入这里居住,直到1962年去世。当时文化界的名人郭沫若、田汉、曹禺、老舍等经常在此聚会。著名戏剧家曹禺也曾经在这里居住过。现在这里是东城区文物保护单位。

张自忠路7号,是和敬公主府,和敬公主府是乾隆皇帝第三女固伦和敬公主下嫁后的赐第。北洋政府时期这里是陆军部,现在为北京市文物保护单位。

1946年11月14日,北平市临时参议会通过决议:"张自忠、佟麟阁、赵登禹3位将军为国成仁,忠勇可钦。拟将本市铁狮子胡同改称张自忠路,北沟沿改称佟麟阁路,南沟沿改称赵登禹路,以资纪念。"是日,市长何思源签署命令,更换路牌。1965年整顿地名时,将"麒麟碑胡同"并入"张自忠路";"文化大革命"中又将"麒麟碑胡同"(一度称"红亮胡同")分出;后又将"张自忠路"并入"地安门东大街";1984年恢复"张自忠路"。

现在的张自忠路虽然外貌大变,但很多重要的文物建筑、古迹遗迹基本得以保留。

【协作胡同】东西走向。紧邻张自忠路南侧,东起东四北大街,西止南剪子巷,南邻汪芝麻胡同。全长428米,宽6米。明朝属仁寿坊,称噶噶胡同。清朝属正白旗,称嘎嘎胡同。民国后沿称。1965年整顿地名时改称协作胡同。据《京师坊巷志稿》载：清时嘉庆大学士明亮封一等襄勇伯的府第即在此。

【汪芝麻胡同】 东西走向。位于张自忠路南侧，东起东四北大街，西止南剪子巷，南与汪魏新巷相通，北邻协作胡同。全长436米，宽6米。明朝属仁寿坊，称汪纸马胡同。明朝丧葬活动盛行，做祭祀用的纸马铺很多，据传此胡同是因有一纸马店而得名。清朝属正白旗，称汪芝麻胡同。民国后沿称。

【利薄营胡同】 东西走向。北靠张自忠路，东起南剪子巷，西止美术馆后街，南邻山老胡同，全长245米，宽4米。明朝属仁寿坊，称喇嘛杨家胡同，因此地有一喇嘛庙而得名。清朝属正白旗，乾隆时称喇叭儿营。据传，喇嘛庙在清代改为兵营，经常吹喇叭集合士兵，故名。宣统时称利薄营，民国沿称。新中国成立前利薄营胡同曾有两家大户，西口大宅坐北朝南，号称仓张家，据传为清代最后一任粮食大臣的居所。东口为山老胡同7号院的花园后门，据传为最后一代皇帝溥仪的叔叔载涛所购。1949年后称利薄营胡同。"文化大革命"中一度改称文胜街四巷，后恢复原名。

【山老胡同】 东西走向。位于张自忠路南侧，东起南剪子巷，西止美术馆后街，南有支巷通西扬威胡同，北邻利薄营胡同。全长237米，宽7米。明朝属仁寿坊，称山青太监胡同。据传，山青太监曾住在此胡同，故而得名。清朝属正白旗，称山老胡同。民国后沿称。"文化大革命"中一度改称文胜街三巷，后恢复原名。今7号院清时为贝勒载涛府。院中有游廊、假山，其假山石

1972年移往地坛公园内。

【麒麟碑胡同】位于张自忠路北侧，呈南北走向，北端西折。西起交道口南大街，南止张自忠路。全长201米，宽4米。麒麟碑胡同在清宣统时称口袋胡同。民国三十六年（1947年）称麒麟碑胡同。1965年整顿地名时，将麒麟碑胡同并入张自忠路。"文化大革命"中一度改称红亮胡同，1976年从大街分出后，称麒麟碑胡同。据载，明朝大同总督仇鸾曾住胡同西口，其府门前影壁上镶有汉白玉石雕麒麟。后仇鸾获罪，影壁被推倒，麒麟碑被埋于地下近600年。民国初年翻建房屋时，石碑才从泥土中被挖出来。如今这块石碑被完好地保存在鼓楼内。清光绪时仇府为荣禄第，后光绪的妃子（瑜妃、珣妃、瑾妃）曾在此居住，俗称瑜妃府。民国时为29军将领张自忠的住宅。胡同里还有民国初年北洋军阀海军总长刘冠雄的官邸，民国二十

麒麟碑胡同

年（1931年）改为助产士学校，现为东城区妇产医院。

【中剪子巷】位于交道口南大街东侧，呈南北走向。北起府学胡同，南止张自忠路。全长231米，宽6米。中剪子巷在明代时属教忠坊，称剪子巷。清代属正白旗，沿称。宣统时分称南、北、中剪子巷。

中剪子巷

民国后名称沿用。中剪子巷33号为著名作家冰心故居。

【南剪子巷】南北走向。北起张自忠路，南止什锦花园胡同，东与协作胡同、汪芝麻胡同、魏家胡同相通，西与利薄营胡同、山老胡同、西扬威胡同、刚察胡同相通。全长375米，宽6米。明朝属仁寿坊，称小街。清朝属正白旗，乾隆时称剪子巷，宣统时称南剪子巷，因地处北剪子巷之南而得名。民国后沿称。"文化大革命"中一度改称文胜街，后恢复原名。

【交道口南大街】南北走向。北起安定门内大街南端，南止美术馆后街北端，东与麒麟碑胡同、府学胡同、东旺胡同、大兴胡同、北吉祥胡同、香饵胡同、土儿胡同相通，西与炒豆胡同、板厂胡同、东棉花胡同、北兵马司胡同、秦老胡同、前圆恩寺胡同、后圆恩寺胡同、菊儿胡同、寿比胡同相通。全长822米，宽30米，沥青路面。明朝属灵椿坊，称安定门大街。清朝属镶黄旗，沿称。民国三十六年（1947年）称交道口南大街，因此街位于交道口以南而得名。1949年以后名称沿用。"文化大革命"中一度改称大跃进路，后恢复原名。

地安门东大街

地安门东大街呈东西走向。东起张自忠路西端，西止地安门西大街东端，南与阳春胡同、东黄城根北街、北河沿大街、火药局六条、东吉祥胡同、安乐堂胡同相通，北与南锣鼓巷、东不压桥胡同、岔子胡同相通。全长1070米，宽20米。明朝属积庆坊，称皇墙北大街（见《宛署杂记》），因地处北皇城东北而得名。清朝属镶黄旗，称地安门外东城根、宽街。民国三十六年（1947年）称黄城根、宽街。1949年以后沿称。1965年整顿地名时将宽街并入，此街因位于皇城北门（地安门）以东而改称地安门东大街。"文化大革命"中一度改称工农兵东大街（西段），后恢复原名。清末铁路工程师詹天佑在此街居住过。现街内有地安门东大街副食店等20多个单位，其余为居民住宅。

【南锣鼓巷】南锣鼓巷，鼓楼东大街南侧，呈南北走向。北

南锣鼓巷

起鼓楼东大街,南止地安门东大街,东与炒豆胡同、板厂胡同、东棉花胡同、北兵马司胡同、秦老胡同、前圆恩寺胡同、后圆恩寺胡同、菊儿胡同相通,西与福祥胡同、蓑衣胡同、雨儿胡同、帽儿胡同、景阳胡同、沙井胡同、黑芝麻胡同、前鼓楼苑胡同相通。全长786米,宽8米。南锣鼓巷是北京最古老的胡同之一,元代时已成街,是元大都的中心地区。明代属昭回靖恭坊,称锣锅巷。清代属镶黄旗,乾隆十五年(1750年)绘制的《京城全图》已称为南锣鼓巷。由于紧邻皇城,西倚什刹海,因此明清两朝这里一直是大富大贵之地。"文化大革命"中一度改称辉煌街,后恢复原名。据《天咫偶闻》载:洪承畴府第在南锣鼓巷路西,即现在的59号。现胡同内有中央戏剧学院小剧场等单位。今天的南锣鼓巷沿线有僧格林沁王府、齐白石故居、茅盾故居、蒋介石行辕、可园、婉容故宅、绮园等名胜古迹，并且至今仍保留着北京规模最大、保存最完好、品级最高的四合院建筑群。2002年，南锣鼓巷被列入北京旧城25片历史文化保护区。

【东吉祥胡同】胡同呈南北、东西曲折形。北起地安门东大街，西止西吉祥胡同，南邻帘子库胡同，东靠北河胡同。全长370米，宽10米。清朝属皇城，乾隆时称吉祥胡同。此地原是清朝皇宫内太监居住的地方，因太监不能结婚，忌讳"大喜"二字，为图吉祥之意，故将居住地取名吉祥胡同。民国三十六年（1947年）称东吉祥胡同。1949年后沿称。1965年整顿地名时将如意胡同、西河沿并入。

【火药局胡同】火药局胡同，地安门东大街南侧，呈东西走向，西端南折。东起火药局六条，南止北河胡同，北与火药局头条、二条、三条、四条、五条相通。全长223米，宽5米。此地在明代是火药局所在地。明代的火药局并不负责制造火药和兵器，而是兵仗局的军器库。里面存放刀枪、剑戟、盔甲，乃至宫中日常所用针剪、御前铁锁、做法事的钟鼓锣响器之类，也在火药局存放，占地十分宽广。到了清代，火药局日渐荒废，这里逐渐析为后来的一条大道和头条、二条、三条、四条、五条、六条分支。乾隆时称火药局胡同。宣统时称火药局。民国后沿称。1965年整顿地名时改称火药局胡同。"文化大革命"中一度改称青春胡同。后恢复原名。清代此地有镶黄旗侍卫教场，有一龙王庙，一火神庙。1969年挖防空洞时，曾在此处出土多种兵器。

【阳春胡同】阳春胡同，北河沿大街东侧，呈南北、东西直角状。北起地安门东大街，西止东黄城根北街。全长192米，宽4米。阳春胡同，民国三十六年（1947年）称小苏州胡同。1949年后沿称。1965年整顿地名时改称阳春胡同。

【北河胡同】东西走向。东起北河沿大街，西止东板桥街，南与水簸箕胡同相通，北与焕新胡同、火药局头条、火药局六条相通。全长375米，宽9米。清朝宣统时称北河沿。民国后沿称。此河原为皇城内御河之一段，后一直做排泄污水的水沟。当时污物淤积其中，雨季河水常溢出河槽，臭气熏天。新中国成立后将此河修成地下管道，上面铺成了马路，即现在的北河沿大街。1965年整顿地名时将此段从北河沿大街分出来，又把二道桥并入，命名为北河胡同。

【东不压桥胡同】地安门外大街东侧，呈东南、西北走向。北起帽儿胡同，南止地安门东大街，东与雨儿胡同、福祥胡同相通，西与拐棒胡同相通。全长445米，宽5米。东不压桥胡同在明代时属昭回靖恭坊，称布粮桥，桥在胡同东南端，胡同以桥得名。据《日下旧闻考》记载："地安门东有东步粮桥"，东步粮桥即东不压桥。明清

东不压桥胡同

两代什刹海水经此桥流入皇城内御河，泄入护城河。清代属镶黄旗，乾隆时称马尾胡同，宣统时称马尾巴斜街，取其沿水道而形成的弯曲状之意。民国三十六年（1947年）改称东不压桥东胡同。1949年后沿称。1965年整顿地名时将河沿、口袋胡同并入，改称东不压桥胡同。布粮桥于1955年被拆除，改明河为暗沟，辟为马路。胡同东南口遗有2尊石狮。《儿女英雄传》的作者文康曾在此胡同居住。著名铁路工程专家詹天佑曾住在16号。现在的东不压桥胡同路东20号的位置，就是詹天佑家的院落所在地。

【炒豆胡同】炒豆胡同位于地安门东大街北侧，呈东西走向。东起交道口南大街，西止南锣鼓巷，北有2支巷通板厂胡同。全长463米，宽5米，沥青路面。炒豆胡同在明代属昭回靖恭坊，

炒豆胡同

称炒豆儿胡同。清代属镶黄旗，沿称，宣统时称炒豆胡同。民国后名称沿用。1965年整顿地名时将安宁里并入，改称交道口南九条。"文化大革命"中一度改称大跃进路头条，后复称交道口南九条。1979年称炒豆胡同。炒豆胡同77号为僧王府。僧王府原规模很大，前门在炒豆胡同，后门在板厂胡同，纵跨两个胡同。现在的炒豆胡同71~77号（单号），板厂胡同30~34号（双号），都是原僧王府的范围。1986年被定为东城区文物保护单位。现胡同内多为居民住宅。

【福祥胡同】福祥胡同在地安门东大街北侧，呈东西走向。东起南锣鼓巷，西止东不压桥胡同，北与蓑衣胡同相通。全长255米，宽5米，沥青路面。福祥胡同在明代属昭回靖恭坊，称

福祥胡同

福祥寺街，因胡同内有福祥寺而得名。清代属镶黄旗，称福祥寺胡同，宣统时称福祥寺。民国后沿称。1965年整顿地名时改称福祥胡同。"文化大革命"中一度改称辉煌街头条，后恢复原名。据《顺天府志》记载：福祥寺于明朝弘治十一年（1498年）敕建，正德三年（1508年）、万历四十一年（1613年）重修。福祥胡同11号院曾住有国民党将军王树常。25号院为福祥寺旧址，现仅存部分殿宇。

地安门西大街

大街东西走向，东起地安门外大街与地安门东大街及地安门内大街相连，西至新街口南大街与西四北大街相接，中与白米斜街、前海南沿、前海西街、龙头井街、德胜门内大街、爱民街、西黄城根北街、西什库大街相交，全长1966米。北侧门牌1~205号，南侧门牌2~42号。明代称皇墙北大街，因在北京皇城北城墙外侧，故名。清代称地安门外西城根，亦称西皇城根。为正黄旗地界。1911年后，皇城北城墙拆除，辟建为路，改称地安门西黄城根，又称北黄城根。后西端庆王府拆除，道路向西延至新街口南大街。今西黄城根北街以西一段命名平安里，亦称平安里大街。1965年将两段合并，统称地安门西大街。"文化大革命"期间，曾一度易名为工农兵西大街。南侧有北海公园，北侧有什刹海前海。中国妇女干部管理学院原为明清两代宛平县衙署所在地。内有贤良祠，建于清雍正八年（1730年），以祭祀王公大臣之有功者，现保存完好。153号为北京市电化教育馆，原为民国初期总统徐世昌之弟徐世湘的宅第，为典型四合院格局，五进院落，房屋由穿廊、抄手游廊和回廊相连，保存完好。此四合院和贤良祠均为区级文物保护单位。

【前海南沿】位于前海东南岸，南起白米斜街，北至地安门外大街，南北弯曲走向，向东倾斜。全长556米，均宽5米。清代称河沿。1911年后称前海南河沿。1965年改称前海南沿。南端有街头花园，稍西有什刹海游泳场及荷花市场。荷花市场源于清末民初，是北京市民的消夏佳地。每年夏季到来时，这里百货云集，百戏杂陈。各种小吃、古玩、戏剧、曲艺、拉洋片等应有尽有，雅俗共赏。民国后，荷花市场仍然兴旺了一段时间。1933年出版的《旧都文物略》记载："前海周约三里，荷花极盛。西北两面多为第宅。中有长堤，自北而东，沿堤植柳，高入云际。自夏而秋，堤上遍设茶肆，间陈百戏以

清末荷花市场

供娱乐。"国民党政府迁都南京后,荷花市场逐渐衰落。1990年,北京市重新兴建并开放了荷花市场。

【前海西街】南起地安门西大街,西折至柳荫街。全长601米,均宽7米。东西段原为玉河故道,因北侧为清代恭王府,河边道路遂称恭王府后身;南北段东侧为一小湖泊,属前海的一部分,故湖边道路称前海西河沿。20世纪50年代初,填平河道与小湖泊。1965年两段合并,改称前海西街。东侧为什刹海体育场。北侧为清恭王府,分为府邸和花园两部分。府邸占地3.1万平方米,分为中、东、西三路,均为多进四合院,后面环抱着160余米的通脊二层后罩楼。楼后为花园,占地2.57万平方米。18号为郭沫若故居,其基址原是清代权臣和珅的一座花园。同治朝时成为恭亲王府的马厩和草料厂。民国年间,恭亲王后代将其卖给达仁堂乐家作宅院。1963年11月,诗人、作家、学者郭沫若迁此居住。1994年成立郭沫若纪念馆,有藏品1.16万件。清代恭王府与郭沫若故居均为全国重点文物保护单位。

【恭俭胡同】南北走向,南段向西南弯曲,北起地安门西大街,南至景山后街;胡同东侧自北至南,与西楼巷、油漆作胡同、磨盘院胡同、米粮库胡同相交;西侧自北至南,与恭俭一巷、恭俭二巷、恭俭三巷、恭俭四巷和恭俭五巷相交,全长530米,均宽4米。明代称内官监,因内官监署在此,故名。《明史·职官志》载:内官监掌木、石、瓦、土、塔材、东行、西行、油漆、婚礼、火药十作以及米盐库、营造库、皇坛库,凡国家营造宫室陵墓并铜锡妆奁器用暨冰窖诸事。清代光绪末年讹为内宫监胡同。1911

恭俭胡同

年后谐音改为恭俭胡同,一直沿用至今。

【西楼巷】东西弯曲走向,东起地安门内大街,西至恭俭胡同。全长250米,均宽2米。清代称地安门西夹道,因地处地安门西侧而得名。包括西楼巷、油漆作胡同、米粮库胡同、恭俭胡同等这一片区域,在明朝时均为内官监所在地,负责国家营造宫室陵墓并铜锡妆奁器

西楼巷

用暨冰窖诸事。因此这一片区域曾有过众多为皇家服务的身怀绝技的工匠。1911年后更名为西楼巷。

【教场胡同】 胡同呈半环形，东西两口均折北通地安门西大街，全长240米，均宽6米。明代称内教场，清代改称教军场，简称教场，为操练军队之地。据《日下旧闻考》卷四十一记载："禁旅之设，遴拔监局诸司内员精健者三千人，统以总提，分治以中军，领以总牌，次设明甲、硬弓、随伍等官，于大内西北二处分场训练，后皆并练于此。"1911年后形成街巷，遂以教场为名，1965年定名教场胡同。胡同中的北京市四十中、北海中学、北海小学原为盛新中学与佑贞女中旧址，均为市级文物保护单位。

教场胡同

【东官房胡同】 南北走向，北起兴华胡同，南至地安门西大街，全长236米，均宽4米。明代曾于此处设立宛平县署，辖北平西部地带。衙署于洪武三年（1370年）始建，万历十八年（1590年）曾重修。原署南向，有大门、仪门、大堂、二堂、古墨斋等房屋，现已无存。官房地名应源于此。明清时的宛平县管辖范围前从城内棋盘街（今天安门广场），后从北安门街（今地安门）以西；城外往南、往北50多公里；往西150公里皆属宛平县。清代称东官房，为正黄旗地界。清

东官房胡同

末时东官房往西仍遗有"中官房"（现东西福寿里）、"西官房"（现旌勇里）地名。1965年定名为东官房胡同。

【三座桥胡同】南北走向，北起前海西街，南至地安门西大街，中与北钱串胡同、南钱串胡同、千竿胡同相交，全长214米，均宽5米。清代初称箭杆胡同，因箭杆胡同南北向路段北端有三座桥，故后改称三座桥。为正黄旗地界。1965年定名为三座桥胡同。三座桥，明

三座桥胡同

建。据《日下旧闻考》卷五十四引《燕都游览志》记载:"海子南岸旧有海子桥,亦名月桥,俗呼三座桥。"后亦作越桥、三转桥。桥今已不存。

【白米斜街】 白米斜街东起地安门外大街,南至地安门西大街,自东北向西南倾斜。明万历二十一年(1593年)成书的《宛署杂记》中,开始有白米斜街之名,因此可以推断,白米斜街大约形成于明末,至今名称未变。据清《京师坊巷志稿》记载:"有白米寺,今无考。岂地以寺名欤?"白米斜街北侧曾有张之洞故居,今大体完好,被交通部宿舍占用。当时的张宅几乎占据了半条胡同,门口曾有张之洞自书的"白云青山图开大米,斜风细雨春满

解放初期的白米斜街

天街"的楹联,嵌入了"白米斜街"4个字。张之洞宅分为三路,内有游廊相连。中路有倒座房、垂花门、正厅三间、东西厢房各三间、后堂三间及东西配房各三间。东路南有两排各五间的平房,北邻前海有栋二层小楼。西路南有花厅二间,北邻前海有面阔七间的高台建筑,西侧有面阔六间的西楼。1947年,末代皇帝溥仪的皇妃文绣也曾在白米斜街居住。白米斜街北小巷为白米北巷,西口有冰窖,原称冰窖胡同。

【龙头井街】北起定阜街,南至地安门西大街。根据考古挖掘及文物研究证实,唐代时此处已经有人居住,称龙道村。旧时分为南北两段。北段在明朝时称人头井,据传是因为此处原有一口井,打水人一低头就能看到脸。清之后雅称为龙头井。南段称

龙头井街

为南药王庙街，有建于明万历三年（1575年）的药王庙。此庙位于龙头井街南端以西，也就是今天的地安门西大街73号，香港驻京办事处，尚存大殿及配殿。著名的相声大师侯宝林先生小时候就曾在龙头井32号居住。42号是天寿庵，建于清朝同治年间，光绪年间扩建重修，为恭亲王府祠堂。天寿庵坐北朝南，山门上有"古刹天寿庵"字样。殿房共三十三间：前殿三间及东西配殿各三间，后殿三间带左右耳房各二间，东西配殿各三间。供奉释迦牟尼、关帝、观音、西方三圣。现为民居。

【乐春坊】南北弯曲走向，南起地安门西大街，北至白米斜街。全长100米，均宽2米。据传，明朝中期时这里仍是一片开阔地，后来有人在此建一小园，专门饲养奇鸟、金鱼，供人观赏，园名乐春坊，胡同由此得名。后坊毁于火。乐春坊中部有一折弯，因为它从地安门西大街穿过后可直接到达前海，因此早年间附近居民也把这条胡同称作"穿堂门"。

【东福寿里】南北曲折走向，南起地安门西大街，北至兴华胡同。全长184米，均宽4米。清代称中官房，因在东西官房之中，故名。1911年后改称福寿里。1965年将西侧胡同改称西福寿里，此胡同在东，故定

东福寿里

名为东福寿里。

旌勇里

【旌勇里】南北走向，南起地安门西大街，北至定阜街。全长259米，均宽4米。明清时此地迤东包括东官房、中官房（今东西福寿里）、西官房（今旌勇里）一带建有宛平衙署、县衙牢狱。清代在此建旌勇祠，俗称"鬼门关"，即将处死的犯人由此处出行，后雅化称"贵人关"。1911年后改称旌勇里。据《日下旧闻考》记载：旌勇祠，清"乾隆三十三年（1768年）敕建"。祠坐北朝南，黑琉璃顶大殿，正中为碑亭，有清乾隆三十三年（1768年）立"原任将军公明瑞将军建祠碑"。现大门、碑及享殿保存基本完好，为西城区文物保护单位。

【五福里】南北曲折走向，南起地安门西大街，北至兴华胡同。全长212米，均宽3米。清代称西官房。1911年后改称五福里。

【厂桥胡同】位于厂桥地区中部。东西走向，东起五福里，西

五福里

至德胜门内大街。全长 97 米,均宽 3 米。清代今德胜门内大街南段称长桥街,以桥得名,后长桥讹为厂桥。1911 年后定阜大街西口至地安门西大街一段称厂桥。1965 年厂桥并入德胜门内大街,同时将其东侧至五福里的小胡同命名为厂桥胡同。

【护仓胡同】南北走向,北起护国寺街,南至地安门西大街,中与群力胡同相交,全长 232 米,均宽 5 米。原称仓夹道,因是太平仓东侧的小夹道,故名。1965 年,因该胡同北通护国寺街,南邻太平仓,遂各取其中一字而名。

【东枪厂胡同】西南弯曲走向,西起西枪厂胡同,南至地安门西大街,全长 377 米,均宽 4 米。清代称枪厂胡同,当为制造刀枪处所,故名。又因地势低洼,俗称枪厂大坑。为正黄旗地界。

1911年后，大坑逐渐填平，后形成东西并列的两条胡同，俗称枪厂大坑西段、东段。1965年，枪厂大坑东段更名为东枪厂胡同，西段更名为西枪厂胡同。

东枪厂胡同

【前铁匠胡同】东起德胜门内大街，南至地安门西大街。全长135米，均宽3米。以南北走向为主，多弯曲，清代称铁匠营，以制造铁器得名。1911年后析为前后两条胡同，此胡同在南，故名前铁匠营。1965年更名为前铁匠胡同。

【德胜门内大街】南北走向，北起鼓楼西大街，南至地安门西大街，中与大石虎胡同、刘海胡同、新街口东街、定阜街、护国寺街等街巷相交。全长1686米。明代称德胜门街，因在德胜门内，故名。北段与南段分属日忠坊与发祥坊。清代称德胜门大街，南段亦称长桥街。为正黄旗地界。1911年后，北段、中段称德胜门大街，南段称厂桥。1949年后将德胜门大街与厂桥合并，定名德胜门内大街。1965年，将东羊圈、马家大院、魏家大院并入。"文化大革命"期间曾改称人民公社路，后复称德胜门内大街。德胜门，初称健德门，明洪武元年（1368年）废大都北城墙，于其南5里重建。明洪武六年（1373年）改健德门为德胜门。城楼于1920年坍塌，今仅存箭楼，为市级文物保护单位。街中有德胜桥，东为后海，西为西海，此桥为区级文物保护单位。街内多小店铺。

【西什库大街】南北走向，两端有折弯，北起地安门西大街，南至西安门大街，中与大红罗厂街垂直相交，东侧自北向南依次与永祥里、爱民一巷、爱民里、西什库东巷相连，街长1233米。明代称西什库，清代称西什库胡同，简称西什库。因明代于此置甲字、乙字、丙字、丁字、戊字及承运、广盈、广惠、广积、赃罚等十库贮备物资，故名。1911年后，自南至北分称西什库、西什库夹道、后库等名。1965年将3段合并，命名西什库大街。"文化大革命"时期曾改名为集体化街。8号为北京医科大学第一医院。33号为西什库教堂，俗称北堂，清光绪十三年（1887年）由蚕池口迁建于此，为市级文物保护单位。

【西黄城根北街】南北走向，北起地安门西大街，南至西安门大街，中与西四东大街、大红罗厂街相交。全长1130米。明代称皇墙西大街，因地处原皇城城墙之西，故名。属积庆坊。清代称皇城西城根，亦称皇城根。为正红旗地界。1911年后皇城城墙逐渐拆除，遂改"皇"为"黄"，称西黄城根。因该段为黄城根北段，故又习称北黄城根。1965年，将元宝胡同并入，更名为西黄城根北街。"文化大革命"期间曾改名为立新路，后恢复原名。街中的北京四中为北京市重点中学，西城区黄城根小学为西城区重点小学。

【太平仓胡同】东西走向，东起西黄城根北街，西至西四北

太平仓胡同

大街。全长323米，均宽10米。明代此地曾有永昌寺，明正德五年（1510年）在寺旧址上建太平仓。清代仓废，改为承泽亲王府，后为庄亲王府。此地即称太平仓。1965年定名为太平仓胡同。

与太平仓胡同东部相邻有后毛家湾胡同及中毛家湾胡同、前毛家湾胡同。清代时这片区域称茅家湾，是紧邻其北部的庄亲王府的小府，里面住着庄亲王的家属。1953年以前这里曾是中央人民政府副主席高岗的住所。1956年林彪入住其中，经扩建，建筑面积达到1.13万平方米。

【爱民街】南北走向，南起大红罗厂街，北至地安门西大街。全长627米，均宽7米。清代称旃檀寺西夹道，亦称旃檀寺。因

爱民街

东侧原有旃檀寺,故名。1911年后又称旃檀寺西大街,1965年因胡同地处国防部之西,遂取"军爱民"之意,改称爱民街,并将北炭厂并入。旃檀寺原名弘仁寺,据《日下旧闻考》卷四十一记载:"弘仁寺地最爽朗,即明清馥殿旧基。康熙五年(1666年)改建为寺,迎旃檀佛像居之",故俗称旃檀寺。1900年庚子之变时寺毁,旃檀佛像消失。

【爱民一巷】位于厂桥地区中部。东西走向,东起爱民街,西至西什库大街。全长158米,均宽5米。明代为赃罚库地界。清代库废,形成街巷,仍以赃罚库为名。1911年后更名为永祥里。永祥里原为东西向南北两条平行小巷,其南巷因是爱民街西侧自北向南第一条胡同,故 1965 年更名为爱民一巷。1990 年至 2003 年拆除,并入地安门西大街。

平安里西大街

东西走向,东起育幼胡同与育教胡同相连,西至阜成门北大街与车公庄大街、西直门南大街相交,中与西直门南小街相交。全长 775 米,车行道分快慢线,宽 25 米。1971 年拆除月树胡同、官园胡同、观景胡同、育强胡同北端及鱼雁胡同南端后辟建而成。原规划路东延至地安门西大街西口。地安门西大街西口附近 1911 年后曾泛称平安里,因该街在平安里西,故命名为平安里西大街。和古老的北京城相比,平安里作为名字不过只有 80 多年的历史,是新生的名字。此地清时原有庄王府。到民国年间,破落的庄王府后人将王府卖给了天津军阀李纯一家。李纯听信此府地下埋有宝藏的传言,将庄王府的地上建筑全部拆除,改名为平安里。由此庄亲王府消失,"平安里"诞生。

中国儿童少年活动中心原为清代果亲王允礼府,后改瑞亲王府,又改端亲王府。其西为诚亲王允祉府,后改慎郡王府,又改质亲王府,"庚子之变",二府被毁。其南部先后改作艺徒学校、师范学堂、北平师范学校、北京师范学校、北京幼儿师范学校。

1971年大部拆除，辟建为路，所余部分现为培智学校。其北部先后改为实业学堂，北京工业学校，北洋大学北平部工学院，国立北平大学工学院，最后改作北京地质学院新生部。该校于1953年迁至西郊，原址辟建为官园体育场。1971年体育场拆除，改建为中央机关办公地，1982年又改为中国儿童少年活动中心。

【育德胡同】紧邻平安里西大街北侧，东西走向，东起新街口南大街，西至赵登禹路。全长399米，均宽5米。明代称石碑胡同。为避免和西长安街南侧的石碑胡同重名，1965年更名为育德胡同。

【北兴胡同】南北走向，南起平安里西大街，北至育德胡同。全长65米，均宽3米。清代称下洼胡同，亦称北下洼，以地势低洼得名。1911年后又称下洼子。1965年更名为北兴胡同。

1990年至2003年因道路改造，胡同南段拆除，并入平安里西大街。

【南兴胡同】南北走向，南起西四北八条，北至前车胡同。全长101米，均宽4米。清代称北下坑，俗称下洼，因地势低洼得名。1911年后因其在前车胡同之南，改称南下洼子。1965年更名为南兴胡同。

南兴胡同

【育幼胡同】南北走向，北起大觉胡同，南至翠花横街与富国街、育强胡同相连，中与育教胡同、金果胡同、平安里西大街相交。全长396米。清代称王府夹道，为正红旗地界。1911年后称端王府夹道，因西侧为清端王载漪的府第而得名。又因在原幼儿师范学校北侧，1965年改称育幼胡同，同时将东侧南段东西走向的死胡同西门楼并入。今1号为培智学校，清光绪年间为艺徒学校，清末改作师范学堂，1911年后称北平师范学校，1949年后称北京师范学校，简称"北师"，是我国第一所培养中等师资的专门学校。1956年迁入牛街后原校舍改为北京幼儿师范学校。北京幼儿师范学校后并入155中学，原校舍改作石碑胡同小学（今育德胡同小学）。20世纪70年代校舍被拆除。1984年于此兴建的培智学校，是全国第一所智力有残缺儿童的学校。

【官园胡同】南北走向，北起平安里西大街，南至西廊下胡同。全长142米，均宽4米。明代此地泛称官菜园，后形成街巷，旧名瓜园。明朝时这里曾建有一座规模宏大的朝天宫，是宣德年间仿照南京的朝天宫改建而成。内设道录司以主天下道观之事，也是百官演习礼仪之所。朝天宫南抵阜内大街，北至官园，西接福绥境，东接翠花横胡同。朝天宫后来毁于火，只留下一些与其相关的街巷名。据《燕都丛考》记载："瓜园者宫（朝天宫）内圃也。"也就是说，官园这片地方在当时是朝天宫里面种菜蔬的地方。清代此处称官园，为正红旗地界。1965年改称官园胡同。1971年辟建平安里西大街时，北段拆除。

【赵登禹路】南北走向，北起西直门内大街，南至阜成门内大街。全长1866米。原为河道，明代称大明濠、西沟或河漕；清代河边道路称西沟沿，俗称臭沟。为正红旗地界。1921年至1930年河道改为暗沟，辟建成路，俗称沟沿。因此街位于阜成门内大街之北皇城之西，故又称北沟沿或西沟沿。抗日战争胜利后，为纪念抗日爱国将领赵登禹，将辟才胡同西口至西直门内大街路段改称赵登禹路。1965年将东门楼、燕代胡同并入。"文化大革命"中一度改称中华路。1971年，将阜成门内大街以南路段并入太平桥大街，阜成门内大街以北路段，因在白塔寺东而更名为白塔寺东街。1984年10月12日，阜成门内大街以北路段复称赵登禹路。赵登禹，山东人，1890年生。曾任国民党军第一三二师师长。"七七事变"爆发后，于1937年7月28日在北平南苑阵亡。

【翠花街】东西走向，东起赵登禹路，西至翠花横街。全长225米，均宽5米。明代此处称王贵桥西，因东端南北走向的河漕（今赵登禹路）上有王贵桥，故名。清代改称翠花街，亦称小翠花街。后沿用翠花街。5号四合院现为西城区文物保护单位，据《宸

翠花街

垣识略》记载:"一等英诚公第在翠花街。"查清朝扬古利阵亡后,于雍正九年(1731年)追封"超等英诚公",其子降为一等公,至十二代扎克丹。故该四合院应为扬古利的后人所住。现由北京口腔医院使用。

【前车胡同】东西走向,紧邻平安里西大街南侧,东起西四北大街,西至赵登禹路。全长130米,均宽4米。清代始称前车胡同,与后车胡同相对。1990年至2003年因道路改造,胡同北侧住宅拆除,并入平安里西大街。

【狮子西巷】位于福绥境地区西南部。南北走向,南起大玉胡同,北至平安里西大街。全长129米,均宽3米。清末此处西侧有玉皇阁,1911年后始称玉皇阁东夹道。1965年改称狮子西巷,因位于狮子胡同西侧,故名。1990年至2003年拆除,建官园公寓。

【富国街】(祖家街)位于福绥境地区西南部。东西走向,西起翠花街,东至赵登禹路。全长275米,均宽6米。明代称大桥胡同,属河漕西坊,因东端河漕上有大桥(通东面鸣玉坊的武安侯胡同,即现在的西四北八条),故名。清代因两度降清的明将祖大寿宅第在此,遂改称祖家街。祖大寿在北京生活了12年。他死后,宅邸改建

祖大寿故居旧景

祖大寿故居鸟瞰

成祖家祠堂。雍正八年(1730年),八旗官学、正黄旗官学在此开设,1912年7月,京师学务局改组八旗官学为京师公立第三中学。这座四合院是清代官宦宅邸的典型布局,坐北朝南,为二进院落,另有一西跨院。中轴线上排列有府门、过厅、正厅、后寝祠等主要建筑,附属建筑分列两侧。1913年至1918年,著名作家老舍曾在此就读。1950年,学校改为北京市第三中学。1965年北京市整顿地名时更名富国街。今为西城区文物保护单位。1995年学校将老舍曾经上课的教室改成老舍陈列室。富国街3号四合院建筑现保存完好,1995年公布为北京市文物保护单位。北京三中在学校扩建时,将新教学楼建在祖大寿祠的西侧,即原来的西跨院和花园处。

地安门外大街

地安门外大街旧时分为两段。以后门桥为界，以此至鼓楼，明称鼓楼下大街，因在鼓楼之下而得名。清光绪《顺天府志》称鼓楼大街。以南，清时称地安门大街（从后门桥至景山后街）。民国初未变。后以地安门为界，以北称地安门大街，以南称地安门内大街。新中国成立后称地安门外大街。

地安门一带有一个传统，古玩店特别多。自打1924年溥仪被逐出宫，紫禁城里的一批宝贝流落出来，出了神武门，直接汇

地安门外大街（1956年）

聚在地安门一带，由此带动了古董买卖。一些专门制造赝品的高手也会集于此，其伪造的字画，即为著名的"后门造"。林立的店铺外，往往还挤着一堆支着布伞的小摊，卖什么的都有。据从小住在地安门的张先得老人讲，大街上有一条岔子胡同，平时"根本看不见胡同口"，全被小摊挤满了。

清光绪三十三年（1907年），地安门外大街修成6~7米宽的碎石路（原为石板道，后损坏）。清宣统元年（1909年），北长街、景山东街、地安门内大街修成碎石路面。1912年，原皇城禁区开放，地安门内大街也包括在内，社会车辆由此开始通行。1936年地安门内大街和地安门外大街由工务局修建了沥青路面。

地安门外大街处于北京南北中轴线上，古迹甚多。街西77号是火德真君庙，创建于唐代。街东52号铺面房，单檐重楼，是北京现存铺面房中较为典型的一座。街北端的鼓楼与中段的后门桥，均是北京标志性的著名古建筑，北京市文物保护单位。

自元代起，地安门外大街即是北京著名的商业区。据1934年北平市商会编印的《北平市商会会员录》记载，当时地安门至鼓楼一带，正式参加各同业公会的商号共有137家，可谓百业汇集。俗话说"东单西四鼓楼前"，说的是京城最繁华的地界，"鼓楼前"就是其中之一，直到今天依然是这样。这里有地安门商场、地安门副食商场、马凯餐厅、地安门药店、鼓楼电器公司、鼓楼仪器机械公司等副食、餐饮、医药、文物、图书等数十家店铺，鳞次栉比。

附：地安门商业街区

地安门外大街自元代起就是著名的商业街，地安门外大街最热闹风光的时候是清代，当时这一代是正黄旗和镶黄旗的驻地，一些年老出宫的太监居住在钟楼后的娘娘庙里。这些人是当时最富有的人，讲派头，讲究吃、穿、住、行。因此，做生意的人都争先恐后地在这条街上开店铺，当年这条街上的商业依然还很繁荣。翁偶虹在《鼓楼三条街》中回忆民国时期地安门外的情景：街道东西两侧，店铺鳞次栉比，如"聚盛长"、"和（福）顺居"灌肠铺、"吴肇祥"茶叶铺、"谦祥益"绸缎庄北号，还有经营山西刀削面、熏鱼的"大酒缸"，以及小吃摊、挂货摊、玩具摊等，商肆栉比，热闹骈阗。这条街道，在民国商业领域占有重要的位置，中华人民共和国成立后仍为重要的区级商业街区。

目前地安门外大街商业布局呈带状沿街分布，街区以经营小商品、餐饮和服装等服务为主。今有马凯餐厅、地安门百货商场、地安门电器商场、地安门药店、地安门新华书店、地安门副食商场、天津狗不理包子铺、合义斋等各种店铺数十家。有火德真君庙、旧式铺面房、后门桥、广福观（山门）等市、区级文物保护单位。

地安门外大街的商号：文物商业铺号有奇陶山房、宝聚斋、毓文斋、瑞兴斋。（中华人民共和国成立后均公私合营。）

部分著名文玩商店一览表

奇陶山房，创办人杨阔山，1922年开业，经营瓷器。地安门外大街旧201号。

纯古斋古玩店,创办人张永泉,1938年开业,经营古玩杂项,地安门外大街。

瑞兴斋,创办人曹兴田,开业于民国三十五年(1946年),经营瓷器、硬木家具、杂项。地安门外大街旧206号。

宝聚斋,创办人徐宝麟,1944年开业,经营杂项。地安门外大街。

书古斋旧货铺,创办人赵书斋,1939年开业,经营瓷器木器杂项。地安门外大街230号。

管文铎古玩铺,创办人管文铎,1947年开业,经营陶瓷杂项,地安门外大街。

毓文斋,创办人王文如,1953年开业,经营杂项。地安门外烟袋斜街。

参考资料

东城区文化文物局：《北京市东城区文化文物志》，2000

《北京城》，开明图书公司，1942

侯仁之、邓辉：《北京城的起源与变迁》，北京：中国书店，2001

侯仁之：《北京城市历史地理》，北京：燕山出版社，2000

奥斯伍尔德·喜仁龙：《北京的城墙和城门》，北京：燕山出版社，1985

翁立：《北京的胡同》，北京：燕山出版社，1992

多田贞一：《北京地名志》，书目文献出版社，1986

孙殿起、雷梦水：《北京风俗杂咏》，北京古籍出版社，1982

《北京风物志》，北京：北京旅游出版社，1984

朱偰：《北京宫阙图说》，北京：商务印书馆，1938

王瑞平：《北京街道胡同地图集》，北京：中国地图出版社，

1999

《北京街衢坊巷之概略》，民国北平特别市公署印制

尹钧科：《北京历代建置沿革》，北京：北京出版社，1994

侯仁之：《北京历史地图集》，北京：北京出版社，1988

尔泗：《北京史大事纪年·北京胡同丛谈》，北京史研究会，1981

北京市东城区人民政府：《北京市东城区地名录》，1981

《北京市坛庙调查报告》，1934年5月

北京市西城区人民政府：《北京市西城区地名录》，1981

北京市档案馆：《北京寺庙历史资料》，北京：中国档案出版社，1997

北京文物百科全书编委会：《北京文物百科全书》，北京：京华出版社，2007

北京市地方志编纂委员会：《北京志·文物志》，北京：北京出版社，2006

《北平市志稿》，北京：燕山出版社，1998

张次溪：《北平岁时志》，北京：中国书店，1985

吴长元：《宸垣识略》，北京：北京古籍出版社，1982

李贤、万安等：《大明一统志》，国家图书馆出版社，2009

刘侗、于奕正：《帝京景物略》，北京：北京古籍出版社，1980

北京市东城区地方志编纂委员会：《东城区志》，北京：北京出版社，2005

杨静亭:《都门纪略》

周家楣、缪荃孙:《光绪顺天府志》,北京:北京古籍出版社,1987

侯仁之:《侯仁之文集》,生活·读书·新知三联书店,2009

嘉庆敕撰:《嘉庆重修一统志》,北京:中华书局,1986

中国人民大学清史研究所:《近代京华史迹》,北京:中国人民大学出版社,1985

励宗万:《京城古迹考》,北京:北京古籍出版社,1981

林传甲:《京师街巷记》,琉璃厂武学书馆,1919

张爵:《京师五城坊巷胡同集》,北京:北京古籍出版社,1983

汤用彤:《旧都文物略》,书目文献出版社,1986

中共北京市东城区委宣传部组:《可爱的东城》,北京:新华出版社,1995

赵庚奇:《民国北平历史》,2004

徐友春:《民国人物大辞典》,河北:河北人民出版社

于敏中等:《日下旧闻考》,北京:北京古籍出版社,2001

《顺天府志(永乐残卷)》,北京:北京大学出版社,1983

徐友春、吴志明:《孙中山奉安大典》,华文出版社

孙承泽:《天府广记》,北京:北京古籍出版社,1982

吴仲:《通惠河志》,明嘉靖戊午刊本,正中书局印行

侯仁之:《晚晴集》,新世界出版社,2001

沈应文:《万历顺天府志》,北京:中国书店,2011

北京市西城区政协文史资料委员会：《文史资料选编，第一期》，1987

北京西城区志编委会：《西城区志》，北京：北京出版社，1999

陈宗蕃：《燕都丛考》，北京：北京古籍出版社，1991

张次溪：《燕京访古录》

邓云乡：《燕京乡土记》，上海：上海文化出版社，1986

孛兰肹等：《元一统志》，北京：中华书局，1966

崇彝：《道咸以来朝野杂记》，北京：北京古籍出版社，1982

北京市地方志编纂委员会：《北京志·道桥志》，北京：北京出版社，2002

樊国梁：《北京》（法文），1898

陶宗仪：《南村辍耕录》，北京：中华书局，2004

赵志忠：《北京的王府与文化》，北京：燕山出版社，1998

杨学琛、周远廉：《清代八旗王公贵族兴衰史》，辽宁：辽宁人民出版社，1986

刘之光：《北京清代王府概述》，北京历史考古丛书编辑组《北京文物与考古》，1983

吴仲：《通惠河志》，北京：中国书店，1992

北京古都文化历程资源网站

老北京网

后 记

  作为一条完整的大街，平安大街诞生的历史并不算长。1999年贯通后，新生的平安大街这个名字迅速为北京人所熟知，也许这与中国人自古崇尚和谐的心理有关。平安大街横系北京内城中心地带，跨越元、明、清三代古都变迁，是北京800年来城市发展的鲜活见证。

  本书旨在尽可能详细、客观地向读者呈现这条大街上的历史风物。由于水平所限，挂一漏万之处很多，恳切希望读者批评指正。

  本书所引用的资料、图片及阐述的一些观点，来自于各类文献、档案、书籍、公开的媒体报道、乃至网络，众多老北京的热爱者、研究者，和各界专家、学者的成果，是本书得以成书的重要依靠，在此谨向他们致以深深的敬意。

  如今，本书又以《京华通览》丛书的一部分册再次出版，期望本书能让更多的人了解北京这座举世无双的历史文化名城，增强文化自信、文化自觉，保护和传承好这份珍贵的历史文化遗产。

华　宁

2017年12月